LES
CATACOMBES

PAR
JULES JANIN.

II

PARIS
WERDET, ÉDITEUR-LIBRAIRE,
13, RUE DES MARAIS SAINT-GERMAIN.

1839

LES
CATACOMBES.

Imprimerie de Mme Poussin, rue Mignon, 2.

LES
CATACOMBES

ROMANS — CONTES — NOUVELLES
ET
MÉLANGES LITTÉRAIRES.

PAR
JULES JANIN.

II

PARIS
WERDET, LIBRAIRE-ÉDITEUR,
18, RUE DES MARAIS SAINT-GERMAIN.

1839

LA SOEUR ROSE

ET

LA SOEUR GRISE.

CHAPITRE INÉDIT

DES

MÉMOIRES DU DIABLE.

I

C'était il n'y a pas huit jours; l'automne, pluvieuse, froide et sombre, avait jeté son manteau de nuages sur la terre; la nuit était noire et triste; on eût dit que l'hiver était venu tout d'un coup et sans crier *gare* pour ne plus s'en aller; le vent sifflait, l'arbre mugissait, la feuille tombait à moitié jaunie. — Par cette triste nuit je me promenais seul dans ce beau parc de Saint-Cloud, dont les allées superposées ne ressemblent pas mal à une immense échelle de verdure. Sous ces arbres, et jeté dans un coin, le château se cache d'ordinaire; il est assez difficile à découvrir, même en plein jour; mais, cette nuit-là, le château étincelait de mille feux; on comprenait que la vie, la pensée, la fête, la joie, les graves soucis, les inspirations puissantes étaient là-bas dans ces murs. — Et voilà justement pourquoi j'avais le courage, à cette heure, seul par cette nuit funeste, de me promener dans le parc de Saint-Cloud.

Vous savez que pour atteindre à la *Lanterne de Démosthènes* (par quel caprice a-t-on ôté à Diogène sa lanterne?), qui est le point culminant du parc, il y a plusieurs façons de s'y prendre: la plus simple c'est de suivre l'allée d'en bas et de monter par la pente d'eau à l'allée supérieure, et, au bout de cette allée, d'en prendre une autre plus élevée; et toujours ainsi, comme on ferait pour monter le grand escalier de Versailles. — Ceci est la manière vulgaire; mais pour arriver à cette fameuse lanterne, d'où la vue embrasse tout Paris, sans rencontrer un homme, il est une autre route admirable et difficile, que vous avez tous prise dans votre jeunesse en poussant d'admirables cris de joie : ce beau chemin de la jeunesse consiste à aller tout droit devant soi par des sentiers non frayés. Tout au bas de la montagne vous levez la tête, et, tout en regardant un certain point du ciel, une fugitive étoile, votre étoile de dix-huit ans, vous vous dites à vous-même : —J'irai là! Et comme vous le dites vous le faites : vous allez par les ronces, par les ravins, par les gazons, par les sables, vous grimpez toujours; quelquefois un rocher se présente, vous gravissez le rocher; quelquefois c'est un gros arbre, vous escaladez le gros arbre; c'est là

vraiment une course au clocher pour laquelle
on n'a jamais assez de bras, assez de jambes,
assez de souffle; à mesure que vous montez
l'ombre s'épaissit autour de vous; mais cependant, tout à vos pieds, vous découvrez comme
un océan nébuleux dont les vagues montent
jusqu'à vous; si bien que, grâce à ce mirage
fantastique, toute retraite devient impossible, et qu'il vous faut grimper, grimper encore, grimper toujours. — Et voilà justement
le chemin que j'avais pris cette nuit-là pour
me promener dans le parc de Saint-Cloud.

Mais, par ce sentier difficile, si vous saviez
que j'avais une belle escorte! Je voyais s'élever
devant moi, comme Jacob à son échelle, une
blanche myriade de beaux anges, tous les anges
profanes qui, dans nos beaux jours, avaient ainsi
escaladé avec nous la montagne, le nez au vent,
les cheveux épars, le sein haletant, la lèvre
entr'ouverte.— Nous étions jeunes alors, elles
et nous. — Elles poussaient de petits cris
joyeux dans les airs; elles allaient à la con-

quête, et leur écharpe leur servait d'oriflamme; elles faisaient bien des faux pas dans cette route, mais elles se relevaient plus animées et plus fières. Cette nuit-là il me semblait les revoir et les entendre toutes ces beautés évanouies : ainsi escorté, je marchais dans leur sillon comme autrefois; comme autrefois je leur tendais la main, je les encourageais du geste, je les appelais à ma suite; et telle était la puissance du souvenir que j'arrivai ainsi tout au sommet de la montagne sans m'apercevoir que j'étais seul.

Tout en face de la *Lanterne de Démosthènes* est une terrasse; de cette terrasse, quand il fait nuit, on domine un abîme; vous voyez tout au loin comme une masse immense d'un papier chargé d'esprit et de blasphèmes qu'on viendrait de réduire en cendres; dans ces cendres noires brillent un instant et s'éteignent de petites étincelles, faibles lueurs agonisantes qui disparaissent pour toujours. Pourtant cette masse noire c'est Paris, ces étincelles qui brillent et disparaissent c'est l'âme, c'est la pensée de la ville éternelle qui s'endort pour se réveiller peut-être demain. J'en étais là de ma contemplation quand je sentis sur mes deux yeux deux petites mains, mais si froides!... Quand je dis froides, l'une de ces mains était brûlante; c'était une sensation incroyable et que nul ne saurait définir : la main glacée était rude au toucher et comme si elle eût été recouverte d'un duvet nouvellement tondu; la main brûlante était fine et douce comme la main d'une femme de quarante ans. En même temps je sentis que cette créature invisible était assise derrière moi et je l'entendis me dire tout bas, mais d'une voix mordante : — Devine! — C'est le diable! m'écriai-je aussitôt. — Lui aussitôt, me rendant l'usage de mes deux yeux : — Bien deviné, mon secrétaire Théodore!

Moi, sans me déconcerter : — Et voilà justement, mon maître, ce qui vous trompe : je ne suis pas votre secrétaire Théodore, et bien m'en fâche; je suis un pauvre homme à qui vous n'avez jamais rien dicté de bon, à qui vous n'avez pas raconté la plus petite histoire, pendant que vous accabliez en effet votre ami bienaimé Théodore Hoffmann de toutes vos faveurs. Que diable! monseigneur, on n'est pas partial comme vous l'êtes! Boiteux ou non boiteux, vous avez pénétré dans toutes les maisons et dans toutes les âmes; pas un toit, pas une conscience qui aient un secret pour vous; vous savez l'histoire de l'humanité tout entière; vous l'avez étudiée sous son aspect le plus triste, mais aussi le plus fécond; vous êtes sans contredi le plus grand observateur de ce monde; et quand vous voulez écrire vos commentaires vous n'appelez à vous, tous les cinquante ans, qu'un secrétaire unique! Vous laissez vos autres serviteurs se morfondre à votre porte, et deviner tant bien que mal quelques-uns des merveilleux mystères que vous prodiguez à votre favori! — N'avez-vous donc pas appris que César fatiguait quatre secrétaires?

> Tel autrefois César en même temps
> Dictait à quatre en styles différents.

Tout beau donc! laissez-moi en repos me raconter à moi-même les belles histoires que je sais tout bas dans mon cœur; et, si vous avez du temps à perdre, allez réveiller votre secrétaire Théodore, qui dort sur ses deux oreilles et sous quelque table de cabaret à l'heure qu'il est.

— Là! là! dit le diable avec cet air goguenard que vous savez, ne nous fâchons pas si rouge! Il est vrai que j'aime mon ami Hoffmann. C'est un puissant esprit qui lutte avec moi de finesse et de naïveté, et qui n'a jamais tremblé; je ne connais pas d'homme qui prenne plus au sérieux les récits les plus épouvantables; il aime l'odeur du soufre comme d'autres l'odeur de la rose. Enfin je l'aime; mais toi, mon fils, je ne te hais pas non plus.

Tu m'as rendu quelques bons offices, et sans me connaître, que je n'ai pas oubliés ; le premier tu as pris en main la cause du roi Louis XV (j'ai son âme) et de ses maîtresses, et j'ai dit en parlant de toi : *Voilà un bon compagnon!* ; tu aimes le rouge et les mouches, l'odeur du musc ne te déplaît pas : or, en morale, du rouge des femmes à la queue du diable, des mouches aux cornes, du musc au soufre, il n'y a qu'un pas. Ce que tu n'as pas assez, à mon gré, et ce qui te manque pour que jamais tu sois digne d'écrire sous ma dictée, c'est la croyance : tu ne crois à rien ; tu as beau faire, c'est dans ton sang. Tu ne crois pas au diable : comment veux-tu que le diable croie à toi? Même à présent tu me regardes, tu me flaires, tu ouvres de grands yeux, comme si j'étais un phalanstérien, un humanitaire, une ci-devant Muse de la patrie. — Rassure-toi, mon fils : je ne suis que le diable ; et puisqu'il fait nuit, puisqu'il fait froid, je te raconterai une histoire si tu veux.

Comme il disait ces mots je me rappelai que Frédéric Soulié, dans les *Mémoires du Diable,* que le diable lui a inspirés à coup sûr, dans l'un de ses meilleurs instants de verve, d'esprit, d'insolence et de cruauté, nous raconte une des habitudes favorites de son héros, et je cherchai dans ma poche un cigare. Le diable devina ma politesse. — Tiens, me dit-il en m'offrant un morceau de bois mort, fume-moi cela... En même temps il tournait dans ses doigts des branches de saule, il frottait dans le creux de sa main un des bouts de ce cigare improvisé; et nous voilà fumant comme deux frères. Seulement je remarquai fort bien que le diable, cet homme qui ne fait rien comme les autres hommes, mettait dans sa bouche le bout du cigare tout allumé, — particularité remarquable que Frédéric Soulié a oublié de consigner dans leurs *Mémoires.*

— Maintenant, reprit le diable, que veux-tu que je te raconte? — Puis, devinant ma penséc : — Oh! me dit-il, tout ce que tu voudras, excepté cela. Non, ce n'est pas moi qui te raconterai tout ce qui s'est passé il y a cinq ans dans ce palais aujourd'hui si calme; non, ceci n'est pas une histoire en l'air qui se raconte de diable à homme ou d'homme à diable! Il y a dans un pareil récit trop de dangers pour que moi-même je les veuille affronter. Un trône perdu, et ce trône est le trône de France! un vieillard qui s'en va mourir au loin dans un si triste exil! Marie-Thérèse d'Angoulême, une sainte qui est sur la terre et qui m'a fait pitié à moi-même! et enfin un enfant, un pauvre enfant chassé de ces bosquets comme la feuille jaunie de l'automne!... Non, je ne te raconterai pas toutes ces douleurs; mais parlons d'autre chose si tu veux.

Ainsi parlant, le diable détournait la tête des hauteurs de Saint-Cloud, où ma pensée l'avait porté malgré lui (il y a des pensées si étranges, des désirs si violents qu'ils sont plus puissants que le diable). Moi, à mon tour, obéissant involontairement à cet être assis à mes côtés, je jetai les yeux sur l'étroit et rude sentier que j'avais parcouru pour arriver jusqu'au lieu où j'étais assis. Le sentier, tout à l'heure si sombre, était illuminé par une clarté douteuse : dans cette lumière blafarde s'agitaient plusieurs personnes, hommes et femmes, occupés à tous les soins de la vie de chaque jour. Ces hommes étaient devenus gros et lourds, ces femmes avaient perdu depuis dix ans le charmant embonpoint et la douce pâleur de leur seizième année; les uns et les autres étaient occupés de mille soucis cruels, de mille ambitions mesquines, de mille désirs puérils.

— Quelle est donc cette vilaine troupe? m'écriai-je.

— Eh! dit le diable, c'est la troupe chantante et dorée qui tout à l'heure t'accompagnait dans l'ombre, à travers les buissons, en chantant de folles chansons d'amour; ce qui te prouve, ajouta le diable en me prenant le bras, que lorsqu'on fait tant que de jeter un regard en arrière, c'est une grande imprudence de ne pas aller au-delà de quelque dix ans. Dix années de moins c'est quelque chose de si mesquin et de si triste, c'est un passé si misérable qu'on se fait horreur à soi-même. Autant vaudrait dire à l'horloge qui vient de sonner minuit : *Sonne encore!* L'horloge ne t'apprendrait guère que ce que tu sais déjà, à savoir qu'il est minuit. Quand donc tu veux évoquer le passé, fais en sorte que ce passé soit si loin de toi que tu ne sois pas compromis dans cette solennelle évocation. Allons, c'en est fait, et, puisque tu le veux, ces vieux hommes de trente ans et ces vieilles femmes de vingt-cinq ans vont disparaître. Je ne viens pas ici pour te chagriner.

En même temps il soufflait sur le sentier, et toutes ces tristes figures disparaissaient, et je ne voyais plus, accrochés aux branches flexibles, que quelques bouts d'écharpes bleues et blanches, et sur le gazon des pas légers, et dans les airs de petits cris de joie ; et je compris que pour évoquer la jeunesse évanouie il y a en nous quelque chose de plus puissant que le diable : c'est le cœur !

Le diable entendit ma pensée.

— Maintenant, dit-il, il faut que je commence mon récit ; aussi bien, voilà assez longtemps que je le prépare. — Dans ces amas de maisons noires, non loin du dôme des Invalides, qui ne ressemble pas mal, vu d'ici, à la marmite renversée de quelque pacha à trois queues, dans ces rues qui s'entrecroisent de mille façons diverses, entre deux jardins, à côté d'un ancien couvent de carmélites, vois-tu ?...

— Je ne vois, lui dis-je, qu'une masse noire, informe, cachée, faiblement éclairée par quelques feux-follets qui s'éteignent en voltigeant.

— Eh bien donc, regarde ! me dit-il.

En même temps il plaçait devant mon œil droit, en guise de lorgnon, cette main glacée dont je vous ai parlé tout à l'heure. Cette main produisit sur mon nerf optique un effet incroyable. M. Arago, au sommet de cette tour où il veille sur les comètes errantes, tout prêt à leur indiquer leur route, n'a pas d'instruments d'une optique plus claire et plus infaillible.

— Oui, m'écriai-je, maintenant je vois le dôme des Invalides! Il reluit comme l'armet de Menbrin sur le crâne de don Quichotte. — Je vois, au bout d'une rue, à la droite de l'hôtel, une maison en ruine, et cette maison est encore toute remplie de cellules, dortoirs, réfectoires; et, — l'horrible aspect! — voici un terrible cachot, sans air, sans lumière, sans espoir!

— Regarde toujours, disait le diable. Que vois-tu?

— Je vois maintenant qu'un mur épais sépare ce monastère d'une maison calme, sombre et tranquille. Les murs de cette maison conservent encore des vestiges non équivoques d'un grand luxe : les plafonds sont chargés d'amours à demi nus et de Vénus plus nues que les amours; sur ces murailles brillent encore, à demi effacés, des chiffres, des emblèmes. C'est là un contraste éclatant avec ces autres murailles froides, inanimées, terribles, sanglantes. — Mais où donc en voulez-vous venir, monseigneur?

Ici le diable frotta sa main sur sa poitrine, comme faisait son lorgnon le jeune dandy de l'Opéra quand cette belle et puissante Taglioni, notre regret à chaque soirée de l'hiver, descendait lentement du troisième ciel, où elle était cachée parmi les fleurs. Il me parut que ce verre grossissant était devenu encore plus terrible.

— Regarde bien, ajoutait le diable. Vois-tu, dans la muraille qui sépare le couvent de cette élégante petite maison jadis consacrée à tous les vices, une porte habilement dissimulée, du côté du couvent par des clous de fer, du côté de la petite maison par des peintures lascives ?

— Je vois en effet une muraille, dans cette muraille une porte presque invisible; à droite une cellule de religieuse, à gauche le boudoir d'une fille de l'Opéra. Mais, autant que j'en puis juger par la décoration que vous préparez avec tant de soins, vous allez, monseigneur, me raconter une vulgaire histoire, moitié sacrée, moitié profane, qui se passe à la fois sous le voile de serge et sous le voile de gaze, — quelque sotte intrigue d'un marquis d'ancien régime avec une religieuse retenue dans ce cloître par des vœux éternels. -- S'il en est ainsi, seigneur diable, vous pouvez rengainer votre histoire; il y a longtemps que nous la savons.

— Impatient jeune homme! s'écria le diable en crachant le feu de son cigare.—Avec leur rage de tout deviner, on ne pourra bientôt plus raconter une honnête petite histoire!—Je veux cependant te raconter mon histoire, ajouta-t-il, et tu l'écouteras bon gré mal gré. Tu es tombé entre mes griffes : il ne sera pas dit que tu en sois quitte à si bon marché. Prends donc ta peine en patience. Autrefois, pour te punir de ton impolitesse, j'aurais pris et emporté ton âme; mais qu'en faire aujourd'hui? j'ai des âmes à revendre. Écoute-moi donc, et permets-moi, avant de faire agir mon drame, de disposer mon théâtre à mon gré. C'est bien le moins que moi, le diable, j'use des mêmes droits que le dernier faiseur de mélodrames expliquant à son parterre comment le palais où vont entrer ses personnages a été bâti tout exprès pour cette fable dramatique, comment il y a ici une fausse porte, plus loin un corridor, plus loin un souterrain; comment cette fenêtre donne sur les Alpes et cette autre fenêtre sur le mont Apennin; comment il y a un balcon à votre gauche, un précipice à votre droite. En même temps notre homme vous remet un trousseau de clefs tout comme dans le conte de la Barbe-Bleue. Si par malheur vous oubliez une seule des indications de l'architecte dramatique, si vous perdez une seule clef du trousseau..... crac ! il n'y a plus de mélodrame ! C'est l'histoire des chèvres que passe le chevrier dans *Don Quichotte*. — Je reprends donc mon récit.

— Ce couvent que tu vois là-bas à coté de cette jolie maison, et qui est aujourd'hui occupé par un marchand de bois, était encore, avant 1788, rempli de religieuses carmélites qui vivaient dans toute la sévérité de leur ordre. Cette maison à côté, qui porte un écriteau : *Maison à louer*, et que personne ne veut louer parce que cette maison est trop éloignée du vice parisien et qu'elle n'a pu se façonner encore aux habitudes bourgeoises, était en ce temps-là une de ces petites maisons reculées où les grands seigneurs d'autrefois se venaient reposer de leurs excès commis en plein jour par d'autres excès nocturnes et cachés, s'étudiant ainsi à rappeler de leur mieux les belles nuits des petits appartements de Versailles.

— Sois tranquille : je ne te ferai à ce propos ni déclamation ni morale. Je n'ai jamais compris comment on pouvait avoir tant d'émotions de tout genre à propos d'un fait historique. L'historien qui se passionne pour ou contre l'histoire qu'il rapporte me paraît un insensé ; le fait n'a pas besoin de commentaires, par cela même qu'il est un fait.—Mais ne remplaçons pas une déclamation par une autre déclamation. — Donc, il y a de cela à peu près cinquante ans...

A ces mots, prenant la parole :

— Halte-là, mon maître! m'écriai-je. Mais il me semble que vous n'êtes guère d'accord avec vous-même : ne disiez-vous pas tout à l'heure que ce n'était pas la peine d'évoquer des souvenirs si voisins de nous, et qu'à coup sûr dans de pareilles évocations il n'y avait pour nous que des humiliations à recueillir ?

— Je disais, reprit le diable, que je suis un fou et un insensé de parler ainsi, dans la simplicité de mon esprit, avec de pareils êtres, incomplets et pétulants, qui ne savent rien et qui veulent tout savoir. Il faut en vérité que je sois bien oisif pour m'arrêter avec un auditeur de votre espèce, qui m'interrompt sans respect à chaque phrase que je commence! Me prends-tu donc pour un faiseur de vaudevilles de bas étage? ai-je donc l'air d'un poëte de carrefour? Apprends que ce qui fait que le diable est le diable, c'est-à-dire que le pouvoir est le pouvoir, que la volonté est la volonté, c'est au contraire l'inexorable logique des gestes et des pensées du diable : d'un être comme moi tout se tient, le commencement, le milieu et la fin. Tout à l'heure, quand tu détournais la tête avec effroi des grisettes, des soubrettes, des comédiennes, des jeunes femmes et des jeunes gens qui ont été les amis et les compagnons de ta folle jeunesse, je t'ai expliqué comment tu avais eu tort d'évoquer ces dix années de ta vie, et comment, s'il est permis à l'homme de revenir en arrière, ce n'est jamais en passant du lendemain à la veille; mais à présent que je te parle de cinquante ans, tu m'arrêtes et tu me dis : — C'est trop peu encore... Insensé! Comme si ces cinquante années ne comprenaient pas une révolution, et comme si cette révolution ne pouvait pas compter au moins pour trois siècles! Dans ces cinquante ans dont je parle l'humanité, c'est-à-dire l'homme et le diable, l'âme et le corps, la pensée et l'action ont plus vécu qu'ils n'avaient fait depuis le commencement du monde. Cinquante ans !... Mais je te méprise et je reprends mon récit où je l'avais laissé.

Donc, il y a de cela cinquante ans, plus ou moins, la vieille société française, minée au dedans, se croyait encore éternelle; elle jouait avec les principes qui la devaient renverser de fond en comble; elle appelait cela *se jouer avec le paradoxe*. Cependant toutes choses étaient debout et avaient gardé une apparence de force et de vie incroyable : l'armée, l'église, la ville, la cour, le parlement, l'aristocratie, les nobles, et tout au bas le peuple, qui tremblait encore devant le lieutenant de police et qui avait peur de cette Bastille qui ne tenait plus qu'à un souffle. Voilà ce qui était, ou plutôt ce qui avait l'air de quelque chose. Au milieu de ce chaos organisé se tenait, immobile en apparence mais déjà attendant l'heure du triomphe, une armée d'esprits révoltés plus formidable mille fois que cette armée d'anges rebelles que Milton a chantés.—Ah! Satan! Satan! si tu avais eu à tes ordres une pareille phalange, Voltaire, Diderot, d'Alembert, Rousseau, Montesquieu, quelle trouée tu aurais pu faire dans la phalange céleste! Mais, pauvres diables que nous étions, nous n'avions pour nous battre que ce grand canon dont parle Milton. Pour qu'il eût porté loin, ce canon creux et vide, il eût fallu le bourrer avec les feuilles du *Contrat social*.

Pardon, ajouta le diable : je crois que je

m'oublie en vaines dissertations. Que voulez-vous? j'ai la tête si remplie de romans modernes, de drames modernes, de mémoires, de révélations, sans compter qu'on vient d'inventer une autre espèce de torture morale qu'on appelle *Histoire des salons de Paris!* C'est à en perdre la tête ; mais on a la tête forte, heureusement.

Donc, il y a de cela cinquante ans, plus ou moins, vivait loin de Paris, loin de Versailles un honorable gentilhomme plein de bon sens et de courage. Il avait tant de sens qu'il avait deviné que, pour ne pas périr si vite, l'aristocratie française aurait dû se défendre et non pas s'abandonner à plaisir ; il ava. · de courage qu'il osa résister au double en ...is-sement de la philosophie et du peuple. Dans l'incroyable délire qui s'était emparé de tous les gens de sa caste, le vieux comte de Fayl-Billot (c'était son nom) vivait seul avec ses tristes pressentiments. Il avait perdu son fils unique à la bataille de Fontenoy, et il en rendait grâce au ciel, car au moins savait-il à jamais son nom éteint, et, de ce côté-là, était-il sans inquiétude. Son fils mort, il lui restait deux filles, Louise et Léonore, d'un naturel bien différent : Louise c'était l'ange, Léonore c'était le démon ; l'une était si pure que jamais pensée mauvaise ne put approcher même de sa tête, et même en songe, l'autre était déjà pervertie à quinze ans. Toutes deux elles étaient belles de la même beauté... Mais je suis bien bon de me fatiguer à te faire des descriptions comme si j'étais un conteur ordinaire. Regarde plutôt.

Je vis en effet, toujours à l'aide de cette main transparente du diable, dans un beau jardin du vieux temps deux jeunes filles à peu près du même âge, — seize ans à peine. Je reconnus Louise au calme de sa belle figure, à la blancheur transparente de son teint, à l'éclat de son regard bleu comme le ciel; je reconnus Léonore à la vivacité de ses regards, à la pétulance de sa démarche, à l'agitation impatiente de toute sa personne. Cette révolution qui couvait sourdement dans la nation française avait pénétré dans les recoins les plus cachés de ce peuple ; elle ne s'était arrêtée ni à la porte du temple ni au seuil des couvents ; elle fermentait dans les plus jeunes cœurs et dans les âmes les plus candides. En ce temps-là plus d'une jeune fille se relevait la nuit pour lire, à la lueur d'une lampe infernale, *la Pucelle* de Voltaire ou *la Religieuse* de Diderot ; c'était dans toutes les consciences, jeunes ou vieilles, un bruit sourd, frénétique, implacable contre les institutions reçues. Jamais je n'avais compris comment cette révolte du fait contre l'idée, du présent contre le passé, de la philosophie contre la loi était une révolte générale comme je le comprenais à cette heure en voyant la figure de Léonore ; jamais aussi je n'avais compris la beauté humaine dans toute sa perfection, la grâce dans toute son innocence, la vertu dans toute sa sérénité comme je les

compris en voyant la douce figure de Louise.
— Comprends-tu, me dit le diable, ce que je veux dire à présent?

— Oui, lui dis-je : rien qu'à voir les deux sœurs, je comprends que Louise c'est la jeune fille doucement épanouie au souffle de son seizième printemps, pendant que Léonore c'est la fleur violemment ouverte à l'agitation de toutes les passions intérieures.

— Voilà une métaphore bien ambitieuse ! me dit le diable, et qui ne vaut pas grand'chose. Je n'ai pas voulu te démontrer une métaphore, j'ai voulu te prouver que mon histoire était vraie, quoique bien étrange. La vérité de mon histoire est prouvée par le visage des deux sœurs; et que vos romanciers seraient heureux s'ils pouvaient voir ainsi avec l'œil de leur esprit les figures de leurs héroïnes ! Ils n'en seraient pas réduits à nous faire des descriptions si longues, si minutieuses et si obscures; ils verraient plus clair dans leur imagination et dans leur esprit.

Malgré lui père de ces deux filles que tu vois là, le vieux comte de Fayl-Billot était un philosophe, mais un philosophe à sa manière. Quand ses deux filles eurent seize ans, il devina aussi bien que tu viens de le deviner les inclinations de l'une et de l'autre : évidemment Louise serait la consolation de sa vieillesse, Léonore en serait le déshonneur. Il vit cela nettement, sans hésitation ; il bénit Louise et il eut peur de Léonore; et, comme il avait déjà renoncé à son fils mort, il résolut de renoncer aussi à cette fille vivante. En conséquence il déclara à Léonore qu'elle ne mettrait pas le pied dans le monde et qu'elle resterait au couvent, aussi morte qu'on y pouvait mourir.

Tu crois peut-être que Léonore s'épouvanta à cette nouvelle et qu'elle essaya de fléchir son père : c'était une intelligence trop ferme et trop énergique pour s'abaisser à prier qui que ce fût ici-bas ou là-haut, surtout à prier son père. Dans ce relâchement général de tous les pouvoirs, Léonore avait très-bien compris que l'autorité paternelle ne tenait qu'à un fil, non plus que l'autorité royale. Elle sentait dans sa propre conscience que l'édifice social était miné et qu'il allait tomber en ruines, et elle était sûre qu'au milieu de ces ruines elle saurait trouver une fente assez large pour s'échapper et pour être libre. Elle déclara donc à son père qu'elle prendrait le voile; et en effet elle prit le voile le jour même où sa sœur Louise se maria.

Toute sa vie Louise avait eu peur de sa sœur. L'ironie de Léonore flétrissait toutes choses autour d'elle, et jamais Louise n'avait compris qu'on pût rire ainsi à tout propos des croyances, des affections, des devoirs; Louise était comme une pauvre fille échappée de Saint-Cyr, à la chaste tutelle de Mme de Maintenon, et qui se serait trouvée jetée tout d'un coup dans les orgies de la Régence. Son père, qui l'aimait et qui avait porté sur elle toutes les affections de sa vie, maria cette fille bien-aimée à un beau jeune homme, le marquis de Cintrey, qu'on renommait en ce temps-là pour ses bonnes mœurs. Mais, hélas! si tu savais, mon fils, quelles étaient les bonnes mœurs de ce temps-là, comme tu mépriserais la jeunesse dorée de ce siècle! Quand par hasard je vois messieurs vos gentilshommes à la mode, ceux que vous appelez fièrement vos *roués*, vos *débauchés*, vos *joueurs*, quand je compare vos Lauzun, vos Richelieu de ce siècle, même aux valets de chambre de M. le maréchal duc de Richelieu, je me prends à sourire de pitié : tous ces petits messieurs, que votre époque regarde avec admiration comme le *nec plus ultrà* de la rouerie humaine, n'iraient pas aux talons des plus sages abbés de Saint-Sulpice en 1764. Ces messieurs sont ivres-morts à l'heure où le xviii° siècle commençait à boire ; une journée de jeu les ruine jusqu'à la troisième génération; ils courent depuis dix ans, et dans un cercle fangeux, après une demi-douzaine de filles qui sont toujours les mêmes, sans qu'il y ait moyen pour eux d'éviter, quoi qu'ils fassent, un bon mariage et une bonne place quelque part. Tu ne peux donc pas absolument, à l'aide de ces petits messieurs, te faire la moindre idée de la vertu et de la sagesse du marquis de Cintrey.

Cependant le vieux comte le prit pour son gendre, faute d'un meilleur. Cintrey était fier, il parlait peu, il était mécontent de la cour; il avait reçu en duel une large balafre au milieu du visage; il lisait beaucoup *les Nuits d'Young* et le Shakspeare de Letourneur; il était insolent avec tout le monde, et surtout avec ses vassaux; il n'avait pas souscrit à l'*Encyclopédie*; il haïssait Voltaire, il méprisait Rousseau, il levait son chapeau quand il parlait du roi Louis XIV : le vieux Fayl-Billot put donc croire que sa chère Louise serait en effet trop heureuse avec un homme d'un si noble caractère.

En effet, dans les premiers temps de son mariage, Louise s'estima heureuse et digne d'envie. En ce temps-là les honnêtes filles obéissaient facilement à leur père; elles étaient peu disposées aux maux de nerfs et aux vapeurs; elles aimaient, sans disgrâce, le mari qu'on leur ordonnait d'aimer. Quand je vois dans vos romans vos femmes, jeunes et vieilles, qui pleurent, qui gémissent, qui se tordent les mains pour un *oui* et pour un *non* qui les contrarie, je ne sais que penser. Les honnêtes femmes de ces temps de licence sont de beaucoup supérieures aux honnêtes femmes de ce temps de vertu. Louise aima son mari; elle en eut un bel enfant, et son amour pour son mari redoubla. On citait partout cette jeune femme, qui avait vingt ans, comme un modèle de piété filiale, de vertu conjugale et d'amour maternel; elle avait le respect de tous les hommes et le respect de toutes les femmes. Malheureuse créature! elle a bien souffert!

Cette exclamation de pitié, dans la bouche du diable, m'étonna au dernier point.

— Qu'avez-vous ? lui dis-je ; il me semble que vous pleurez sur la vertu ? Voulez-vous bien n'être pas ridicule à ce point-là !

— Eh ! pourquoi donc, reprit le diable, n'aurais-je pas un bon mouvement de temps à autre ? Quel est l'homme, je dis le plus méchant, qui, après avoir tué son ennemi, ne se sente pas ému en regardant ce cadavre étendu à ses pieds ? Moi, je suis ainsi fait que je souffre à la fois du malheur des honnêtes gens et du succès des vicieux ; tout ce qui est dans l'ordre me révolte, et aussi tout ce qui est hors de l'ordre ; et voilà justement ce qui prouve que je suis tout à fait maudit. Cette femme dont je parle a été bien malheureuse : c'est là un de mes chefs-d'œuvre de méchanceté dont je suis le plus triste et le plus fier. Mais en ce temps-là je n'avais à commettre que quelques petits crimes isolés, pour ne pas me rouiller dans l'oisiveté. A l'époque de la révolution française les évènements étaient plus forts que moi-même : je fus obligé de me mettre à l'écart pour ne pas être emporté, moi aussi, dans cet horrible tourbillon, avec le trône et l'autel, et afin qu'après la tempête quelque chose de surhumain restât dans cette France de François Ier et de Louis XV que j'ai toujours aimée. Comme il ne m'était pas donné, à moi qui ne suis que le diable après tout, de finir la révolution française, pas plus qu'il ne m'avait été donné de la commencer, car c'était une œuvre au-dessus des forces d'une puissance misérable comme est la mienne, j'avisai dans ce petit coin de Paris cette femme, cette Louise, belle, honnête, estimée, aimée, heureuse, et je me dis en moi-même : — Laissons de plus puissantes intelligences bouleverser la France, cette femme me suffira !

Puis le diable ajouta :

— Regardez plutôt : ne voyez-vous pas notre petite maison étinceler soudain de mille feux?

— Oui, en effet (et en même temps je regardais de toutes les forces de mon âme) tout s'apprête dans cette maison pour une fête splendide : l'argent ciselé, le bronze et l'or, les cristaux légers comme l'air, les fleurs les plus rares, les velours tendus sur les bois sculptés à jour, la dentelle et l'ivoire luttent de légèreté et de transparence. — Quelles formes riantes! quels chefs-d'œuvre étincelants! quel enivrement universel! On dirait qu'en ce beau lieu tout vous sourit d'un sourire éternel : les sophas vous tendent les bras comme autant de prostituées en délire; les fauteuils vous bercent doucement en chantant un air à boire; les beaux tapis vous portent sans vous toucher; les sartyres dansent en portant les bougies allumées; les chenets se traînent à vos pieds, chargés d'une flamme odorante; la pendule se dandine gracieusement en sonnant les heures que vous aimez le plus; du plancher, du plafond, des murailles se détachent légèrement les dieux et les déesses de la fable; les têtes se couronnent de roses, les ceintures se relâchent, les seins commencent à battre doucement. Que d'esprit! quels murmures! quels soupirs! quelle audace! En vérité ces femmes, qui entrent ainsi en se tenant par les mains, vous brûlent rien qu'à les voir; leur pied est une flamme qui éclaire leur jambe jusqu'à la jarretière; de leurs deux mains sortent des étincelles, de leurs cheveux tombent des perles; leur cou est effilé comme le serpent; leur gorge est en délire et leur cœur est froid comme le marbre; la gaze les touche à peine et s'écarte en frémissant. — As-tu vu (je tutoyais le diable!), as-tu vu celle-là qui cache un petit signe noir dans le pli de son sourire? — et celle-là dont le bras, d'un blanc mat, écrase l'or qui l'entoure? — et cette autre qui sourit comme une folle? — et cette autre qui s'admire dans cette glace brillante, qui retourne languissamment sa tête pour regarder son épaule, et qui dévore sa propre beauté d'un œil impudique, tant que ce regard peut aller? —Ah! finissons, finissons! je succombe! je me meurs!...

Disant ces mots, je rejetais bien loin de moi cet enivrant spectacle; le diable jouissait de mon étonnement et de mon émotion.

— N'est-ce pas, jeune homme, me dit-il d'un ton goguenard, qu'en ce temps-là nous comprenions un peu mieux que vous ne faites aujourd'hui tout l'attirail du plaisir et de l'amour? Nous étions passés maîtres dans tous ces fins détails de la fête et de la joie; rien qu'à notre luxe on nous reconnaissait pour des gens nés dans l'or, dans la grandeur et dans la soie; nous étions naturellement gentilshommes; et, depuis nous, vous n'avez vu que de misérables contrefaçons de nous autres les princes du vice d'autrefois. Pauvres petits bourgeois que vous êtes! J'ai ri bien souvent en vous voyant vous arranger à grand'peine, dans quelques chambres écartées d'une maison à cinq étages, un 18ᵉ siècle à votre usage. Mes petits messieurs, vous avez beau dorer et redorer de vieux meubles, vous avez beau commander des sophas tout neufs, ni vos peintures ni vos velours ne ressemblent à nos peintures et à nos velours. Et quand bien même vous seriez parvenus à imiter quelque peu tout ce luxe que tu vois là, la chose plaisante ! vous introduiriez dans ces demeures des marchandes de modes, des femmes d'huissier ou des clercs de notaire; mesquine, ridicule et peu amoureuse parodie de la dignité humaine!

Ainsi parlait le diable. Moi cependant je ne l'écoutais plus, et, tout entier au spectacle que j'avais sous les yeux, je regardais. Quand toute cette fête fut bien préparée, entrèrent pêle-mêle de jolies femmes indécemment parées, entrèrent aussi de beaux petits jeunes gens à l'air fin et spirituel. Toutes les belles manières du beau monde se déployaient à l'aise dans ces riches salons : des serviteurs empressés et invisibles dressaient la table; le vin, les fleurs, la glace, le gibier enveloppé dans ses plumes brillantes, toutes les choses qui sourient naturellement dans le verre, dans la porcelaine, autour des lustres, autour des femmes, souriaient sur la table avec un abandon qui est le comble de l'art ; jamais si vives ne m'étaient apparues, même dans mes songes d'été, toutes ces splendeurs.

— Par Dieu! dis-je au diable, je conçois maintenant que tous ces gens-là soient morts sans se plaindre : ils savaient ce que vaut la vie, ils en avaient cueilli toutes les fleurs, épuisé toutes les coupes, étudié et gaspillé, une à une et toutes à la fois, toutes les grâces, toutes les voluptés, toutes les nudités. Par Dieu! ce n'est pas si difficile de mourir quand on est ainsi arrivé au plus haut point où peut monter l'esprit, la révolte, l'orgueil, la puissance, l'égoïsme, le mépris pour tout ce qui n'est pas soi!

— Je vous ferai remarquer, reprit le diable, que votre interjection *par Dieu!* n'est pas polie, s'adressant à ma personne. Il n'y a même pas si longtemps qu'à ce seul mot j'aurais été obligé de disparaître brutalement en laissant après moi une longue odeur de roussi. Les progrès du siècle et l'anéantissement de toute espèce de préjugé me dispensent heureusement de cette cérémonie. Bien plus, tu ferais le signe de la croix avec de l'eau bénite que mon devoir de diable bien élevé serait de n'y pas prendre garde. Cependant je t'avertis que la chose m'est peu agréable, par la raison toute simple qu'on n'aime pas à parler à des gens de mauvaise compagnie. Mais, pauvre fou! quant à ce que tu dis de cette vie de fête et d'opulence, je te trouve bien insensé en vérité! Si tu savais quelles misères cachent ces sourires, quelles vanités cachent ces velours, quels gémissements plaintifs ces sophas ont entendus! Ce n'est pas à moi de te faire de la morale; mais, si je voulais soulever un coin de cette draperie soyeuse et nonchalante, quelle torture! Tous ces jeunes gens que tu vois là je les ai bien aimés, ils ont été mes compagnons et mes frères; je me suis battu avec leur épée, j'ai parcouru la ville sous leur manteau, j'ai emprunté leurs mains blanches, leurs armoiries et leurs visages pour dompter, pour séduire, pour perdre à jamais plus d'une innocence rougissante qui se perdait en fermant les yeux; plus d'une fois, sous le masque de ces petits marquis, dont les grands-pères avaient été fauchés par le cardinal de Richelieu et qu'eux-mêmes attendait l'échafaud, me suis-je perdu dans le bal de l'Opéra, cherchant tout simplement la reine de France, et cependant, tout en partageant leurs désordres, me suis-je écrié en moi-même : — Les imbéciles! comme ils se perdent à plaisir! comme ils n'ont pour eux-mêmes ni pitié ni respect! Tous ces priviléges que leur avaient ramassés leurs pères avec tant de périls et de damnations éternelles, ils les jettent au vent aujourd'hui comme si demain ils devaient être les maîtres de cette poussière et lui dire encore : *Obéis-nous!* — Les insensés! ils ne songent même pas à se défendre contre cette bête rugissante qu'ils ont déchaînée et qu'ils appellent *le peuple;* ils jouent avec le lion comme si le lion n'avait pas ses dents et ses griffes ! Pour s'amuser sans danger de pareilles orgies, qui perdent à la fois le passé et le présent d'un peuple, il faut être comme moi, presque éternel. Voilà pourquoi, même dans ces folles nuits de débauche, si tu veux y voir à fond, tu trouveras quelque chose de triste qui fait peur... Ici le diable se prit à rire de sa propre moralité.

Moi cependant je regardais toujours dans cette maison toute remplie de lumières, de silence passionné, de gourmandise, d'esprit et d'amour. Tous les jeunes invités à cette fête étaient arrivés ; un seul manquait encore, et déjà on paraissait ne plus vouloir l'attendre quand enfin nous le vîmes paraître. C'était un homme jeune encore, d'un aspect sévère. Il avait pris de bonne heure une attitude sérieuse, et il conservait cette grave apparence même dans l'orgie. Il était vêtu de noir, son épée était sans nœud, sa perruque était presque sans poudre ; il prenait un soin incroyable pour modérer la vivacité de son regard, la gaieté de son sourire ; c'était un des tartufes de ce temps-là ; car, hélas ! toutes les époques ont eu leurs tartufes ; seulement en ce temps-là la vertu n'était plus une vertu dévote, c'était une vertu austère. Il avait renoncé à la haire *avec sa discipline* pour se couvrir du manteau de Brutus et du chapeau de Guillaume Penn. Cet homme-là était très-curieux à étudier. Ses amis et ses maîtresses acceptaient fort bien toute cette humeur. En général, il y a dans l'hypocrisie une toute-puissance presque surnaturelle qui fait qu'on l'accepte presque malgré soi et que nul, pas même la fille de joie prise de vin, ne peut et n'ose l'aborder de front. C'est une idée qui eût dû venir au génie de Molière : mettre Alceste, son misanthrope, aux prises non pas avec Philinte, mais aux prises avec Tartufe. La belle gloire pour Alceste d'écraser Philinte, et surtout Philinte sans défense contre la brutalité de son compère! Mais l'admirable spectacle c'eût été là : Alceste démasquant Tartufe! Voilà deux rudes joûteurs qui auraient pu lutter à armes égales, et je ne sais que la misanthropie de celui-ci qui fût digne de se battre en duel avec l'hypocrisie de celui-là! Cependant, puisque Molière ne l'a pas fait, il faut que la chose soit impossible. C'est qu'en effet l'hypocrisie sera toujours plus puissante et plus hardie que la vertu. L'hypocrite est aussi habile que le vertueux, mais il a de plus sa propre scélératesse. Il a tellement étudié la vertu, ne fût-ce que pour en prendre les dehors, le langage, toutes les apparences extérieures, qu'il en connaît le fort et le faible et qu'il l'attaque le plus souvent par ses propres armes. Ajoutez que la vertu inquiète le vice et que l'hypocrisie le rassure. Le vicieux n'est jamais plus à l'aise que lorsqu'il est en compagnie avec l'hypocrite : ils s'entendent à merveille, ils se protégent, ils se défendent l'un l'autre; l'hypocrite prête au vicieux son masque, le vicieux lui prête ses maîtresses; quand le vicieux chancelle, l'hypocrite le soutient, et quand il tombe il le couvre de son manteau. Ainsi, même dans cette société perdue de vices, il y avait des hypocrites. Un des plus habiles hypocrites de ce temps-là c'était surtout cet austère et galant seigneur qui vient d'entrer, le marquis de Cinfrey.

— Maintenant, me dit le diable quand il eut poussé à bout sa dissertation littéraire, comprends-tu ce qui va se passer?

— Ma foi! non, répondis-je, car vous m'avez promis une histoire qui ne serait pas une histoire vulgaire, et jusqu'à présent je ne vois rien qu'une petite maison, une table dressée, un souper splendide, des filles de l'Opéra, des jeunes gens de l'OEil-de-Bœuf, de la poudre, des mouches, de jolis pieds, des visages fatigués, des yeux qui brillent, des perles qui s'agitent au-dessus des seins qui battent, en un mot quelque chose de splendide et de magnifique dans sa forme, mais, dans le fond, quelque chose d'aussi trivial qu'un vaudeville de M. Ancelot.

— Vois-tu maintenant, reprit le diable, là, à ta gauche, une pauvre femme qui se glisse en tremblant dans ce boudoir à demi éclairé? Regarde, qu'elle est pâle! Il est impossible d'avoir la peau plus blanche, le cou plus fin, le bras mieux fait, la main plus petite; il est impossible aussi d'avoir plus de tristesse dans l'âme, plus de désespoir dans le cœur. Oui, certes, cette femme est belle; cette femme, tu la reconnais, c'est Louise, c'est la marquise de Cintrey!

— Je crois, m'écriai-je, que je commence à comprendre : madame de Cintrey, jeune femme amoureuse de son mari et indignement trompée, pauvre femme que pousse la jalousie, s'en vient seule, à cette heure, dans cette demeure souillée, pour apprendre enfin toute l'étendue de son malheur.

— Tu ne comprendras jamais rien, dit le diable, si tu veux toujours en savoir plus long que moi. Allons donc, trève d'esprit et d'intelligence avec moi; ne fais pas comme ces niais qui de leur place soufflent des mots éloquents à M. Thiers quand M. Thiers est à la tribune. M. Thiers en sait plus long que ces gens-là, n'est-ce pas? et moi j'en sais presque aussi long que M. Thiers. — Regarde maintenant, de l'autre côté du mur, du côté obscur et terrible de cette maison, une religieuse qui s'abandonne, toute seule, au plus violent accès du plus affreux désespoir : elle crie, elle blasphème, elle se tord les bras de rage, elle écume !

— Oui ! oui ! m'écriai-je épouvanté. A travers ces murs épais et dans cette ombre épaisse à peine éclairée d'une lampe sépulcrale.....
Oh ! c'est affreux à voir et à entendre ! Cette

femme est belle aussi, mais elle se démène comme une lionne. A ses pieds est renversée une cruche sur un pain noir; une tête de mort, qui sourit hideusement, est placée à côté de la lampe, dont le sombre reflet se perd dans ces yeux crevés et se promène insensiblement sur ces dents luisantes. On dirait une âme en peine qui joue le *De profundis* sur ces touches d'émail. Dans un coin du mur, au-dessus de cette paille en désordre, un affreux crucifix tout sanglant est dressé, et même dans cette sainte image l'inquisiteur qui l'a sculptée a trouvé le moyen de mettre plus de colère que d'indulgence. Tout cela est bien horrible. Cette malheureuse est vêtue d'un cilice qui meurtrit ses belles chairs, et il me semble cependant que cette gorge de marbre est sur le point de rompre ces mailles terribles. Les cheveux de cette femme sont remplis de paille, son regard est plein de fièvre, son cœur est plein de rage... Quelle est donc cette femme?

— Cette femme, dit le diable en se dandinant, qui veux-tu qu'elle soit? C'est Léonore.

J'étais ému au dernier point; ce drame que je touchais ainsi de l'âme et du regard s'était emparé de moi avec passion; je me disais qu'en effet j'allais être le témoin de quelque chose d'étrange et de hardi. — Mais tout à coup le diable retira sa main, il disparut comme une fumée que l'air emporte, et je n'eus plus devant les yeux que ces ombres confuses de palais et de tanières plongés dans une ombre impénétrable. — Le diable m'abandonna ainsi au plus beau moment de son histoire. Jusqu'au cigare qu'il m'avait donné, et que je fumais avec volupté, était redevenu un insipide morceau de bois.

Resté seul, je redescendis comme je pus de ces hauteurs désenchantées, ouvrant les yeux sans rien voir, prêtant l'oreille sans rien entendre, poursuivi par mille visions bizarres, par mille bruits confus, et cherchant en vain un dénouement à cette histoire qui se passe entre la vertu et le vice, entre l'austérité et la débauche, entre la paille du cachot et le sopha du boudoir.

II

Je fus plusieurs jours sans retrouver mon fantastique historien. Je regrettais avec un indicible effroi la mordante ironie, le ton leste et goguenard de ce damné qui voyait si profondément tous les détours de l'âme humaine. L'appeler, courir après lui, l'invoquer par une incantation magique, c'était bien vieux et bien usé. Et d'ailleurs à quoi bon? le diable c'est comme l'inspiration poétique : il n'est aux ordres de personne : il va, il vient, il s'arrête, il s'en va, il revient quand il veut, où il veut et comme il veut. Quel est le grand poëte qui puisse se dire à lui-même, en se levant le matin heureux et rafraîchi par les songes de la nuit : — *Aujourd'hui je serai un poëte?* Quel est l'homme aussi qui puisse dire à coup sûr : —

Ce soir je verrai le diable? Or, je retrouvai le diable un soir que je ne m'y attendais pas.

La soirée était calme et sereine. J'étais debout sur cette terrasse de Belle-Vue, noble château démantelé qu'on a divisé entre plusieurs bourgeoises qui jouent de leur mieux leur rôle de princesses du sang royal. Tout à coup je vis à mes côtés, et qui semblait partager ma muette contemplation, une jeune femme d'une taille élancée et vigoureuse. Son visage pâle était magnifiquement éclairé par deux grands yeux noirs qui jetaient des étincelles; ce regard tout brûlant plongeait sur Paris avec une ardeur fiévreuse. — Sous ce nouveau déguisement je reconnus le diable.

— C'est fort heureux! lui dis-je; je vous retrouve enfin, monseigneur! Pourquoi donc être parti ainsi, l'autre jour, quand je vous écoutais avec le plus d'attention? C'est un misérable petit artifice oratoire bien indigne d'un esprit comme vous.

— Tu en parles bien à ton aise, répondit

Satan; mais qui donc est-tu, toi, pour avoir à tes ordres un conteur comme moi? Le bel office à remplir que d'amuser monsieur! Me prends-tu donc pour ton Basile ou pour ton Gripe-soleil? Et d'ailleurs pourquoi donc es-tu si peu intelligent? Si tu ne m'as pas revu plus tôt (et, disant ces mots, il me lançait ce demi-sourire si plein d'intelligence qu'il vous fait peur), certainement ce n'est pas ma faute. Depuis la nuit dont tu parles je ne t'ai pas quitté, mais tu n'as jamais voulu me reconnaître. Te rappelles-tu, l'autre jour, ce vieux marchand de bouquins qui t'a vendu au poids de l'or le traité d'Apicius *de Re culinariâ*? c'était moi! Et cette vieille femme qui t'a apporté cette lettre anonyme pleine d'injures et de fautes de français? c'était moi! J'étais près de toi l'autre soir quand est entrée sur le théâtre cette jeune femme de vingt ans que la passion a pâlie et courbée, et qui porte sans y succomber tout le génie de Meyerbeer; mais c'est à peine si tu as fait attention à cette femme. J'étais près de toi hier matin quand tu lisais cette élégie de Tibulle où il est parlé de cette belle Néera; mais au plus touchant passage de l'élégie le livre est tombé de tes mains. Dans ce bois touffu où viennent danser les beautés parisiennes tu m'as vu emportant dans le tourbillon rapide de la valse cette frêle Espagnole dont les épaules brillent comme l'éclair : à peine as-tu daigné jeter sur nous un regard distrait. — Ainsi donc c'est bien ta faute si tu ne m'as pas rencontré en ton chemin. C'est bien le moins cependant que tu me devines quand tu as besoin de moi, et j'aurais trop à rougir si j'étais obligé de te frapper sur l'épaule et de te dire : *Je suis le diable!*

Comme le diable parlait ainsi la nuit descendait plus sombre sur la bonne ville de Paris, et peu à peu je vis s'illuminer dans cette ombre transparente le théâtre à double compartiment sur lequel se passait le drame étrange dont j'avais été le témoin. Cette fois cependant je ne vis plus que les restes du festin ; la porte qui séparait le boudoir de la cellule était hermétiquement fermée, la religieuse avait disparu; parmi les convives, que gagnait l'ivresse, s'était assise une nouvelle venue, une femme qui semblait dominer ce délire tout en le partageant.

—Ah! ah! dit le diable, te voilà bien embarrassé! et par ce que tu vois là tu ne comprends plus grand'chose à mon œuvre. Pauvre petite intelligence qui ne sait rien deviner! spectateur de province à qui il faut allumer les quinquets et le lustre, à qui il faut des décorations et des costumes! Il y en a même qui sont obligés de lire la comédie qu'on leur joue! Ainsi es-tu fait, mon brave homme. Heureusement je suis là pour t'expliquer toute cette scène, dont la moitié est déjà dans l'ombre. Écoute donc. — Louise, la jeune et belle marquise de Cintrey, épouse et mère, eut bientôt compris qu'elle était à bout de toutes les félicités conjugales. En vain son mari, le marquis de Cintrey, était cité dans le monde comme un ridicule et sublime modèle de fidélité et de constance : Louise sut bientôt ce qu'elle devait croire de cette vertu. Ce fut un coup affreux pour la pauvre femme; elle croyait à l'amour de son mari comme elle croyait en Dieu; dans ce naufrage universel de tous les sentiments domestiques, Louise regardait son ménage comme un lieu d'asile qui avait surnagé. Autour d'elle, à côté d'elle, Louise ne voyait que corruptions, désordres, unions brisées et renouées, adultères, mensonges, perfidies, toutes sortes de vices pêle-mêle, mangeant, riant et buvant ensemble, se prenant, se quittant, se reprenant tour à tour sans choix, sans goût et sans mesure; et, la pauvre femme! elle avait cru, elle avait espéré qu'elle serait sauvée de ce désordre. — Mais, comme je te l'ai dit, son mari était un hypocrite. Il fut bientôt las de sa feinte vertu, et il quitta sa femme pour les autres femmes. Moi, qui sus des premiers cette aventure, j'en avertis Louise, et je la fis jalouse; je la conduisis par la main dans cette retraite de la débauche, je la plaçai dans ce petit appartement reculé d'où elle pouvait tout voir et tout entendre ; et en effet elle vit ces femmes et ces hommes, elle entendit leurs tendres propos, elle comprit toute cette audace sans frein de l'esprit et du cœur ; elle eut peur de son mari, tant elle vit qu'il ressemblait à tous ces hommes. Elle restait là cependant, muette, désolée, insensible ; et j'avoue même que je ne savais plus que faire de cette femme avec son muet désespoir, quand me vint soudain une idée admirable, une de ces idées que vous appelez des *idées infernales* sans trop savoir ce que vous dites.

Puis, comme s'il se parlait à lui-même :

— Oui, en effet, disait-il, cela était bien trouvé, Satan ! et si tu voulais tu en ferais un beau mélodrame pour le Théâtre-Français !

— Voici, reprit-il, quel fut ce coup de théâtre. Tu te rappelles qu'à côté du petit réduit où se cachait Louise, prêtant l'oreille à cette conversation de libertins sceptiques qui mélent l'amour au blasphème, est placée la cellule où Léonore attendait en vain chaque jour la révolution libératrice qu'elle s'était promise et qui n'arrivait pas. L'histoire de Léonore je la ferai courte comme l'histoire de Louise. A peine entrée au couvent, Léonore eut peur et se mit à douter de sa libération prochaine. Tant qu'elle n'eut pas prononcé ses vœux éternels elle avait été sûre de la ruine totale des institutions établies, et elle s'était fait tout bas une fête de se retrouver libre parmi ce bouleversement universel dont elle ne doutait pas; mais une fois captive, voilée, cloîtrée, elle ne fut plus maîtresse d'elle-même; elle n'eut plus la patience d'attendre les temps prédits par l'Encyclopédie : cet esprit, en secret révolté, se révolta ouvertement. Elle eut la fièvre terrible d'une jeune et robuste fille que la passion dévore, que le doute embrase, et qui subit à la fois la révolte de l'esprit et la révolte de la chair. Ainsi elle devint bientôt un objet d'effroi dans ce couvent qui avait conservé toute la rigidité de l'ordre, un sujet d'épouvante parmi ces saintes filles, d'autant plus inexorables qu'elles voyaient s'avancer la chute de la Jérusalem céleste. Bientôt donc toutes les rigueurs du cloître s'appesantirent sur Léonore : le jeûne, les veilles, les prières, le cilice, les verges, rien n'y fit ; elle était indomptable. Sa frénésie la prenait plusieurs fois dans le jour, et alors elle déchirait sa robe, son voile, son suaire, et dans cette nudité complète elle défiait le ciel, elle invoquait les hommes. Souvent, au milieu du chœur, la nuit, et quand la mère abbesse entonnait les matines, Léonore, élevant la voix, récitait les plus violents passages de ses philosophes bien-aimés. Plusieurs fois le chapitre s'était assemblé pour prononcer sur le sort de cette malheureuse : elle fut condamnée aux oubliettes. A force de jeûnes et de coups on la réduisit au silence ; on la couvrit d'un voile mortuaire, on dit sur elle le *De profundis*, on la descendit dans ce sépulcre que tu as vu, et on ne pensa plus à elle que pour lui envoyer chaque jour une cruche d'eau et un pain noir. Voilà à quel moment j'ouvris la porte cachée qui séparait le cachot de ce boudoir, et alors les deux sœurs se trouvèrent en présence!

Ici le diable se mit à chiffonner d'une façon toute gracieuse un petit mouchoir brodé qu'il tenait à la main gauche; puis, tout d'un coup, et comme s'il eût été fatigué de ce rôle de femme qu'il jouait assez mal, il reprit sa première forme, la forme d'un grand jeune homme indolent, hardi et assez mal bâti; puis, se posant devant moi brusquement :

—J'en suis à regretter, pour mon amusement personnel et non pas par pitié, cette scène terrible entre les deux sœurs, Louise et Léonore; je ne reverrai jamais le même drame. Cette porte, pratiquée jadis par un mystérieux amour, était fermée depuis longtemps: elle s'ouvrit tout d'un coup sous les efforts de cette recluse, moi aidant. Alors, alors Léonore battue, affamée, éperdue, sanglante, frappée de verges, se trouvant en présence de Louise, tout à l'heure si libre, si heureuse, si parée, Léonore put à peine se contenir et ne pas dévorer sa sœur.

— Ah s'écria-t-elle, te voilà! Ah! tu viens écouter, assise ici sur la soie, mes cris de douleur sur la paille! Ah! toute parée que tu es, tu viens voir, à travers les fentes de mon cachot, comment je vis pâle et maigre et fiévreuse! Malédiction! malédiction! malédiction sur toi! Il n'y a pas de Dieu dans le ciel! il n'y a pas de père sur la terre!

Disant ces mots, Léonore se posait devant Louise, et Louise fermait les yeux.

En même temps les convives voisins chantaient en chœur une chanson à boire, et ces horribles cris n'arrivaient pas jusqu'à eux.

Louise cependant, éperdue mais calme, avait peu à peu ouvert les yeux, et elle s'était assurée que c'était bien là sa sœur. Oui, c'était là sa sœur, aussi vrai que c'était là son mari pris de vin et d'amour impudique. Car, tout en contemplant Léonore, Louise prêtait l'oreille, et elle entendait son mari célébrer le vin et les amours des courtisanes. Ainsi placée entre ces deux misères, la malheureuse n'hésita plus.

— Voulez-vous, dit-elle à sa sœur, puisque je vous fais tant d'envie, voulez-vous, Léonore, que nous changions de rôle? Mon boudoir contre votre cellule, mes dentelles contre votre cilice, mon époux que voilà (elle montrait du doigt la salle à manger) contre votre crucifix et cette tête de mort, mes riches habits contre votre robe de bure, ma liberté contre votre esclavage! le voulez-vous?

Ici le diable s'arrêta comme s'il eût cherché à se rappeler encore la voix, les gestes, les inflexions suppliantes de Louise. Mais moi, impatient :

— Eh bien! lui dis-je, qu'arriva-t-il?

— Il arriva que Léonore accepta l'échange. Elle se dépouilla de son cilice pour revêtir les habits de Louise, elle rejeta Louise dans le cachot et sur cette paille en désordre, elle referma cette porte de fer, et contre cette porte fermée elle tira un épais rideau de soie.

— C'en était fait : Louise était la recluse, Léonore était lâchée! Après quoi elle jeta un coup d'œil sur ces trumeaux brillants, et elle sourit avec transport à sa propre beauté, dont elle avait été longtemps privée. — Elle plongea ses mains et son visage dans une eau limpide préparée pour les convives; elle se para de son mieux des chastes habits de sa sœur, s'efforçant de les rendre immodestes; puis, quand elle fut ainsi armée de toutes pièces, elle entendit que le marquis de Cintrey portait ironiquement la santé de sa femme; et, ouvrant brusquement la porte de la salle à manger, elle s'écria :

— Me voici!

Tu juges de l'étonnement de ces hommes et de ces femmes, plongés dans l'ivresse, à l'apparition subite de cette chaste et honnête Louise qui venait au milieu d'eux à demi nue, et qui demandait à boire! En effet Léonore ressemblait à Louise comme l'ange au diable : c'était la même taille souple et élancée, le même feu dans le regard, la même tête. Louise avait peu vécu dans le monde; le monde l'avait vue de loin, sans trop oser approcher de cette vertu inaccessible : aussi bien tous les convives s'imaginèrent que c'était en effet la marquise qui jetait enfin le masque imposant de la vertu. Le marquis le pensa lui-même; mais il faut dire qu'il avait le vertige.

— A boire! à boire! s'écria Léonore. En même temps elle se jetait, affamée et délirante, sur les vins et sur les viandes ; elle regardait les hommes, elle embrassait les femmes ; elle était déjà ivre de cette double ivresse du vin et de la chair. Jamais dans le creux fangeux de sa cellule, sous son cilice de fer, sur sa paille pourrie, en présence de sa tête de mort, dans les plus violents instants de sa démence et des blasphèmes infatigables, la misérable n'avait rêvé tant de porcelaines immondes, tant de seins nus, tant de regards avides, tant de vins et tant de fleurs. Au milieu de ce désordre elle se sentait naître enfin; elle était comme une furie, mais belle et puissante. Et en effet je te laisse le juge si c'était là une transition incroyable : passer ainsi du cachot chrétien à l'orgie voltairienne! Elle en fit tant et elle en dit tant dans ces premiers délires de l'enthousiasme et de la passion qu'elle fit peur même aux convives, comme si la foudre allait tomber sur eux; même plus d'une qui s'abandonnait librement à l'orgie se voila les yeux et voulut s'enfuir loin de cette damnée; les plus braves d'entre eux se regardaient, éperdus et n'osant parler.

Quand Léonore eut bu et quand elle eut mangé :

— Ça, dit-elle, qui donc va nous chanter quelque chanson à boire? Est-ce toi, mignonne? dit-elle à une jeune élève ; Mlle Duthé déjà digne de sa maîtresse.

Alors elle entonna un chant de révolte qu'elle avait composé sur le rhythme d'une ode de Piron, et dont elle avait composé la musique à l'aide du *De profundis*, qu'elle avait parodié de son mieux. En même temps elle vidait toutes les coupes polluées par toutes ces lèvres licencieuses, elle arrachait toutes les fleurs qui voilaient encore quelques nudités douteuses; puis, quand elle eut épuisé tous ces excès terribles, Léonore se mit à chanter et à danser en même temps. Elle avait inventé dans son cachot une certaine danse orientale dont elle avait dessiné toutes les poses avec l'exactitude luxurieuse d'une bayadère et la persévérance vindicative d'une religieuse qui sent frémir sa chair sous les coups redoublés de la discipline et des passions mal contenues. Quand elle eut dansé elle demanda où était son mari. On le lui montra couché par terre, sous l'admiration, sous l'étonnement, sous l'ivresse, ne sachant s'il était dans le songe ou dans la veille. Elle alla droit à lui, elle le regarda couché comme il était à ses pieds : elle trouva qu'il était jeune et beau.

— Ça, lui dit-elle, marquis, je suis des vôtres ! foin de la vertu et des bonnes mœurs ! Il n'y a pas de Dieu au ciel ! il n'y a sur la terre que des fripons et des dupes ! J'ai été votre dupe et ma propre dupe assez longtemps. Je vous croyais un philosophe, vous m'avez prise pour une vertu ; nous nous sommes trompés l'un et l'autre : nous sommes quittes. Donc, jetons là ce masque fatigant à porter, et, comme vous le chantiez tout à l'heure, jouissons de la vie !... Entendez-vous la terre qui tremble sous nos pas ? C'est le signal d'une fête qui nous doit tous engloutir... Disant ces mots, elle appelait ces filles de joie *mes amies*, elle conviait ces hommes à une fête chez elle pour le lendemain, elle leur donnait rendez-vous à tous à l'Opéra, elle les reconduisait les uns et les autres jusqu'à leurs carosses. Et enfin, restée seule avec son mari :

— Monsieur, monsieur, lui dit-elle, pour-

quoi nous cacher maintenant? Nous ferons,
s'il vous plaît, du vice en plein jour. J'exige
donc que vous me donniez les clefs de la petite
maison afin qu'elle reste fermée, comme inutile désormais à notre hypocrisie. — Et c'est
ainsi qu'elle s'empara des clefs de la petite
maison, afin que personne n'y pût entrer, sinon elle. Le marquis la ramena à son hôtel
qu'il était grand jour.

Ayant achevé cette tirade, le diable me regarda pour savoir ce que j'en pensais. Et en
vérité j'étais ému plus que je ne saurais dire.
Je comprenais confusément toute la misère de
cette pauvre Louise, ensevelie vivante et innocente dans les oubliettes d'un couvent de
carmélites; je comprenais confusément toute
la scélératesse de cette Léonore, sortant tout
à coup de son tombeau pour prendre dans le
monde la place, le nom, le visage et l'honneur
d'une honnête femme; et pourtant j'avais
grand besoin que le diable m'expliquât toutes
ces horreurs.

— Oui, reprit-il, la chose arriva comme tu le penses. Tout Paris épouvanté fut instruit le lendemain des déportements subits de la marquise de Cintrey. On racontait, mais encore à voix basse, comment cette femme, entourée de tous les respects des hommes et des femmes, avait tout d'un coup jeté le masque de vertu qui couvrait son visage; comment, pour bien commencer sa nouvelle carrière, elle avait fait les honneurs d'une horrible fête de débauchés dans la petite maison de son mari, et qu'elle avait épouvanté des désordres les plus viles courtisanes. On se perdit à ce sujet en mille conjectures; il y eut des paris pour et contre, il y eut un duel; mais bientôt tous les doutes tombèrent devant l'affreuse conduite de cette femme. C'était une lionne déchaînée : elle épouvanta la ville et la cour de ses déportements, elle jeta aux vents la fortune de son mari, elle fut sans pitié et sans respect pour personne. Son père, le vieux comte de Fayl-Billot, était au lit de mort; le noble vieillard, avant de quitter une vie pleine d'inquiétudes, comptait au moins sur l'appui, sur la prière, sur le dernier et pieux sourire de sa fille bien-aimée; il appelait Louise, sa Louise! Sa Louise était au cachot; mais à la place de la sainte il vit entrer Léonore! O terreur!... — Elle cependant tenait à sa vengeance : elle voulut rester seule avec son père. On ne sait pas ce qui se passa entre ce vieillard et cette femme; mais, après cette fatale et dernière entrevue, le vieillard fut trouvé dans son lit mort, et les mains levées au ciel comme s'il eût demandé justice. Que te dirais-je? Jamais l'insolence, la vanité, l'orgueil, le mépris des lois divines et humaines n'avaient été plus loin. Je t'en parle avec complaisance, vois-tu? car cette femme était mon chef-d'œuvre, elle égalait la marquise de Merteuil; grâce à elle, je luttais avec l'œuvre de ce Laclos dont j'étais jaloux. Bien plus : j'espérais lutter avec Danton, avec Robespierre plus tard, en leur disant :

Voilà mon chef-d'œuvre! Insensé que j'étais!

Ici le diable eut un frémissement d'horreur évidemment excité par ces horribles noms de Danton et de Robespierre. J'eus pitié de ce pauvre malheureux vaincu qui n'était plus bon qu'à raconter des histoires, et pour l'arracher à ses tristes réflexions :

— Mais enfin, lui dis-je, où voulez-vous en venir?

— Ah! reprit-il, rien de plus simple. Tu sais ce qui arriva quand la Bastille fut prise, et comme 89 se précipita sur 93, et comme furent interrompues tout d'un coup toutes ces orgies du pouvoir et de la beauté, et comme la proscription s'étendit sur la France entière, semblable à la peste, et plus rapide et plus féroce. — Tu as lu cela dans les livres et tu ne l'as pas vu, et ceux même qui ont recueilli ces choses sanglantes ne les avaient pas vues, car, à ces horribles spectacles, tout courage est resté suspendu, toute pensée s'est arrêtée, toute voix est devenue muette. Eh bien! dans cette proscription générale le peuple, qui avait ses moments de justice, s'en vint un jour sous les fenêtres de la marquise de Cintrey en demandant la tête de cette femme souillée et tachée, comme si cette tête eût été innocente et pure. La marquise n'était pas chez elle ce jour-là, et nul, pas même les domestiques qu'elle battait, pas même les servantes qu'elle insultait, pas même ses créanciers qu'elle ruinait, ne pouvait dire où elle était allée.

— Or sais-tu où se cachait cette femme?... Ici le diable se plaça à cheval sur la barre de fer qui sert de balustrade à cette admirable terrasse de Belle-Vue où j'étais à l'écouter; je crus qu'il allait se précipiter tout en bas, dans le nuage qui montait doucement jusqu'à nous. — Au fait, reprit-il, j'aime autant achever à l'instant même mon récit.

— Tu te rappelles que cette femme, cette Léonore avait emporté les clefs de la petite maison et qu'elle les avait gardées, comme fait le geôlier des portes d'une prison : eh bien! pour échapper à la fureur populaire cette femme était retournée dans cette maison; elle avait retrouvé la porte cachée qui menait dans le cachot, cette porte elle l'avait ouverte; et sur la paille, agenouillée, priant Dieu, elle avait vu sa sœur Louise. — Je ne suis qu'un démon, ajouta le diable, et pourtant j'ai pleuré; oui, j'ai pleuré en entendant Louise parler à sa sœur.

— Ma bonne sœur, disait Louise, je savais bien que vous reviendriez à moi et que vous ne m'aviez pas condamnée à une prison éternelle! J'ai bien souffert, j'ai bien fait pénitence à votre place; j'ai bien prié pour vous, ma sœur! Combien d'années se sont passées dans ces souffrances? Hélas! je l'ignore, mais il me semble qu'il y a un siècle. Quand j'ai été plongée vivante dans ce tombeau j'avais un mari, j'avais un enfant : où sont-ils?... O ma sœur! ma sœur! ô Léonore, quels crimes aviez-vous donc commis pour être condamnée à cette pénitence?... Mais enfin vous voilà : je vous pardonne. Vous venez me rendre l'air du ciel et mon enfant : j'oublie ce que j'ai souffert... Adieu donc... Et cependant apprenez, ma sœur, que bientôt votre prison va s'ouvrir; j'en ai été instruite par ma geôlière de chaque jour : elle m'a priée au nom du ciel d'être patiente, disant que l'heure du pardon allait sonner... O merci! merci, Léonore!

Et en effet Léonore reprit les haillons de Louise, Louise se couvrit des habits de Léonore. Elle s'enfuit de cette maison où elle avait tant souffert; Léonore se jeta sur la paille de son cachot, et elle respira plus librement, se sentant loin du peuple. — Mais que veux-tu que je te dise? Est-il bien nécessaire d'aller plus loin?

— Oui, certes, m'écriai-je. Quelle triste manie de couper votre récit à chaque instant que votre récit s'engage! Vous avez volé cette singulière façon de raconter à ce charmant diable qu'on appelle l'Arioste; mais celui-là aurait eu peur d'entreprendre des histoires pareilles aux vôtres. —Vous cependant, qui osez les commencer, vous ne devez pas avoir peur de les finir.

— Ainsi ferai-je, dit le diable. Donc Louise, redevenue libre, à peine échappée de cette maison fatale, s'en allait au pas de course dans son hôtel. Déjà elle revoyait son mari, et elle lui disait : Je vous pardonne... Déjà elle embrassait son fils, cet enfant qu'elle avait laissé si petit, elle tombait dans les bras de son père et elle pressait sur ses lèvres ses vénérables cheveux blancs. La pauvre femme, ainsi agitée de mille pensées qui se partageaient son cœur, ne remarquait rien de ce qui se passait autour d'elle, ni ce peuple déchaîné qui promenait en tous lieux, dans sa capitale nouvellement conquise, son insolente victoire, ni ces cris de mort qui retentissaient dans les rues, ni ces images d'une liberté funèbre arrosée de sang, ni ces planches horribles dressées sur les places publiques, attendant leur proie de chaque jour; elle courait à perdre haleine, et déjà les Brutus de carrefour la désignaient du doigt comme une victime. Elle arriva enfin à l'hôtel de son mari. A son aspect toute la rue indignée se soulève, mille cris de mort se font entendre. Au moment où elle mettait le pied sur ce seuil chéri, d'affreux hommes armés de piques et coiffés de bonnets rouges s'emparent de sa personne; la populace ameutée s'écrie : — C'est elle! Voilà la marquise de Cintrey! A bas la vicieuse! A bas l'impitoyable! Meure la parricide!... Au milieu de ce bruit et de ces fureurs, que voulais-tu qu'elle fît, la malheureuse? Elle regardait, elle écoutait, elle repoussait loin de ses yeux, loin de ses oreilles, loin de son esprit ce rêve horrible. On l'emporta évanouie; et quand elle se réveilla, se retrouvant sur la paille d'un cachot, elle se rassura et elle se dit à elle-même : — Quel rêve!

Pendant que Louise se réveille pour ne plus se rendormir que dans la mort, Léonore, déjà impatiente, se précipite hors de la maison, dans ses habits de religieuse, en criant : *Au secours! au secours!* A ces cris le peuple arrive; il était partout, le peuple. Léonore raconte alors qui elle est, — et qu'elle appartenait à ce couvent qui est en ruines, — et qu'elle a été oubliée dix ans dans le cachot où le fanatisme impitoyable la tenait renfermée, et qu'elle s'est enfuie tout à l'heure, et que la voilà qui demande justice. Le peuple lui répond par ces mots : *Vengeance!* Le couvent à demi détruit est encore une fois fouillé de fond en comble. Quelques misérables femmes qui se cachaient parmi ces ruines sont découvertes, et bientôt leurs têtes coupées servent de sanglant trophée au triomphe de Léonore. Le peuple crie *vive Léonore*, et il la ramène triomphante dans cette maison qu'elle avait quittée la veille en proscrite. — Sais-tu mon histoire à présent ?

—Oui, répondis-je, oui; maintenant je la sais tout entière cette funeste histoire, et je pourrais l'achever sans vous. Ainsi deux fois cette horrible Léonore accabla la douce Louise. Pendant que Louise portait le cilice de Léonore, Léonore portait les habits de fête de Louise; pendant que Louise priait et jeûnait à la place de Léonore, Léonore entassait sur Louise toutes sortes de malédictions et d'opprobres; le jour où le peuple voulut faire justice de Léonore, Léonore chassa Louise de son cachot et elle la livra au peuple à sa place. — Ah! c'est là une affreuse histoire!

— D'autant plus affreuse, dit le diable, qu'en ce temps-là la justice des hommes était violente, et qu'elle ne s'arrêtait guère quand une fois elle était lancée. Cette nation française qui a tant d'esprit, à ce qu'on dit, s'est pourtant laissé couper, trancher, décimer, assassiner par une poignée de misérables qu'on eût mis en fuite à coups de bâton!

— Ah! poursuivit le diable, c'est une triste souveraine, la terreur! elle avilit les plus nobles, elle fait pâlir les plus braves, elle hébête les plus intelligents. Elle a fait de la nation française tout entière la plus stupide viande de boucherie qu'on ait jamais jetée aux abattoirs. Des gens qui se souvenaient de Henri IV et du maréchal de Saxe, des gens qui portaient les plus grands noms de la monarchie française, les descendants de nos plus belles épées, se laisser égorger ainsi sans défense! tendre la tête à des misérables que leurs gens auraient chassé naguère à coups de fouet! Quelle pitié! quelle misère! Les têtes les plus illustres être coupées par quelques polissons soutenus de quelques harangères! Donc, à peine Louise de Cintrey eut-elle répondu au tribunal révolutionnaire qu'en effet elle était la marquise de Cintrey qu'aussitôt elle s'entendit condamner à mort, et tout fut dit.

—Le plus beau de ce crime, ajouta le diable, c'est que, le jour où Louise monta dans le tombereau fatal qui allait à la Grève, maudite par son mari, maudite par son fils, sa sœur Léonore était portée en triomphe comme une sainte; elle était proclamée martyre, et elle bénissait le peuple. Je crois même qu'elle eut le courage de donner sa bénédiction à sa sœur qui allait à l'échafaud.

Voilà toute mon histoire. Es-tu content?

Quand je vis que le diable n'avait plus rien à me dire et que ma curiosité devait être satisfaite, je me sentis beaucoup plus à l'aise avec le diable. — A vous dire vrai, seigneur diable, lui répondis-je, vous vous êtes donné bien de la peine pour faire de votre histoire une chose pleine d'intérêt et de pitié, et vous avez manqué votre but; si quelqu'un fait pitié dans tout ceci, c'est vous. Comment! la plus terrible révolution qui ait changé la face du monde tombe sur la France, et cependant vous ne savez rien de mieux que de vous amuser à perdre une pauvre vertueuse au profit d'une horrible criminelle! Il fallait que vous fussiez bien oisif! Comment donc! il se coupe des têtes par centaines : vous vous dites à vous-même comme Pilate : — *Je m'en lave les mains,* mot affreux, parole égoïste avec laquelle se sont accomplis tous les crimes ; et vous, cependant, vous n'êtes occupé qu'à opérer un tour de passe-passe tout au plus digne d'un escamoteur en plein vent ! Je vous assure que je vous trouve à présent un être bien peu dangereux.

— Et vous avez raison, mon maître, repartit le diable, d'autant plus raison que même, dans cette méchanceté subalterne que je m'étais permise, j'ai été battu par ces bonnets rouges. Eux aussi, en apprenant l'histoire de la marquise de Cintrey, ils auront été jaloux de moi. Pour en finir tout d'un coup avec mes prétentions diaboliques, figurez-vous qu'ils ont coupé la tête à la sœur du Roi, Madame Élisabeth !

Ce jour-là je m'avouai tout à fait vaincu ; je reconnus que je n'étais plus le diable, et que toute ma puissance malfaisante était à jamais dépassée ; je me fis pitié à moi-même quand je me comparai au dernier de ces bourreaux ; je me repentis d'avoir perdu, sans y rien gagner dans ma propre estime, cette sainte femme, madame de Cintrey ; et si quelque chose me consola, ce fut de penser que cette vertu, en ces temps horribles, même si je l'eusse épargnée, n'avait pas une seule chance d'échapper à la hache. Bien plus, vous allez voir que je ne suis pas si lâche que vous dites : jamais je n'ai plus regretté de n'être pas un homme pour avoir l'honneur de monter sur le même échafaud que le roi Louis XVI, la reine Marie-Antoinette, Charlotte Corday et M. de Malesherbes. Depuis ce temps j'ai mené la plus triste vie que jamais démon ait menée sur la terre. Incapable de mal, incapable de bien, agité par le remords, pauvre et seul, fatigué de ramasser des âmes qui se jettent à ma tête, n'étant plus ni aimé ni haï, j'ai fini par me faire historien, auteur, romancier, que sais-je ? Je finirai peut-être par tenir un cabinet de lecture. Dans mon oisiveté, et n'ayant plus de mauvaises actions à commettre, j'en imagine : je cherche dans la foule les hommes que la foule écoute, et je leur raconte des histoires étranges. Je suis à présent comme sont tous les poëtes, tantôt dans le ciel, tantôt plus bas que la terre; j'ai mes instants d'inspirations prophétiques, j'ai mes heures de découragement mortel.

Pendant que toute l'Europe était en armes avec l'Empereur (le moyen de faire son métier de diable avec un pareil homme?) j'élevais sur mes genoux, avec une sollicitude plus que paternelle, un bel enfant anglais dont je faisais un grand poëte; c'est moi qui lui ai dicté d'un bout à l'autre son poëme de *Don Juan*. Eh bien! à peine mon poëte chéri eut-il jeté dans les âmes contemporaines plus de désolation et plus d'épouvante que n'en avait jeté Voltaire en personne, voilà mon poëte qui se laisse mourir parce qu'il découvre un beau jour qu'il est légèrement boiteux du pied gauche et qu'il pèse dix livres de plus qu'il ne pesait l'an passé! En perdant celui-là j'ai perdu toute ma verve poétique; j'ai vécu au jour le jour, comme un écrivain de hasard; j'ai fait tour à tour des drames où l'on riait et des vaudevilles où l'on versait des larmes, je me suis essayé tant bien que mal à toutes ces choses frivoles; je me suis enivré bien souvent avec mon ami Théodore, qui est mort et qui est dans le ciel. Maintenant me voilà, plus seul que jamais, racontant mes histoires comme un homme qui radote, histoires accommodées à la tristesse des temps présents. Hélas! où est le temps de mes courses errantes sur les toits des villes espagnoles, quand j'étais le diable boiteux!

Comme il disait ces mots le diable se leva tout droit sur cette légère barre de fer où il était à cheval.

— Qu'est devenue, lui dis-je, cette affreuse Léonore?

— Elle est morte, reprit-il, avant 1830, en odeur de sainteté et en priant tout haut le

ciel d'être miséricordieux pour sa sœur Louise.
Les cendres de Louise ont été jetées aux vents;
Léonore repose sous un marbre noir recouvert de larmes d'or. Elle eût été canonisée sans la révolution de juillet.

Disant ces mots, le diable se plongea dans l'épais nuage, et il disparut en poussant le soupir plaintif d'un simple mortel.

MON

VOYAGE A BRINDES.

A***.

Septembre 1835.

Vous le voulez, mon cher ami : je vais vous raconter mon dernier voyage de soixante lieues, un des plus grands voyages que j'aie faits en ma vie. Soixante lieues ! tout autant. En effet, je suis peut-être le seul homme du monde parisien qui soit resté constamment et toujours attelé, pendant dix années consécutives, à la charrue littéraire, sans avoir franchi une seule fois la borne du champ trop étroit qu'il nous faut labourer dans tous les sens. Les bonnes gens qui me font l'honneur de me porter envie et qui m'accordent, à ce qu'on dit, le bénéfice de leurs injures quotidiennes ou hebdomadaires, seraient peut-être moins furieux contre moi s'ils savaient combien chaque jour m'apporte de longues heures de travail, et comment je suis lié à la glèbe, et comment il n'y a pas de dernier manant littéraire chassé de la boutique de son maître pour ses fautes de français, de goujat en haillons calomniant au jour le jour pour oublier sa faim, de pauvre diable réglant l'état à prix fixe, de pâle envieux sans esprit et sans style, qui ne soit plus libre et plus heureux que moi, conscience à part, bien entendu.

Donc, il y a de cela vingt jours, voyant que le soleil était par trop brûlant et me sentant tout de bon la tête fatiguée, et la main aussi, et l'esprit aussi, je me suis dit : — Si je voyageais? Moi voyager! Voyez le grand mot pour moi! — Voyager! n'être plus ici, être là-bas! entrer dans des villes nouvelles, si nouvelles que je suis sûr de n'y pas trouver un ennemi; s'abandonner au nonchalant mouvement de la chaise de poste, qu'un Anglais appelle le paradis sur la terre; et puis ne rien faire, ne rien entendre, ne rien juger de ce qui se fait, de ce qu'on voit tous les jours! — Et puis avoir à soi, pour soi tout seul ses rêves, ses méditations, ses pensées, ses fantômes tristes ou joyeux, ses diables bleus ou couleur de rose! les posséder en toute propriété ces changeantes émotions du cœur, et ne pas les porter toutes chaudes encore et toutes palpitantes à l'imprimeur, qui vous rend tout cela pâle et glacé! aller vite, aller au hasard, courir comme un gentilhomme en vacances... que dis-je? courir comme un Anglais, mais comme un Anglais d'esprit et de bonne humeur! s'entendre appeler *Milord* par la fille d'auberge ou par le mendiant du grand chemin! trouver dans son chemin le grand dada d'Yorick, et le monter légèrement, et faire doucement son chemin sur cette bonne, volontaire et excellente monture! — Voilà la vie! En avant donc! Au diable l'esprit de chaque jour! adieu le théâtre, adieu les livres, adieu la prose, adieu la critique, adieu le roman, adieu, adieu la vie ordinaire! Voyageons!

Je vous répète, mon ami, que, grâce à ma vie occupée et sédentaire, grâce à cette vie qui se renferme entre l'Opéra et l'Ambigu-Comique (triste cloison!), personne mieux que moi ne peut être dans une plus belle position pour voyager : je n'ai jamais rien vu en fait de pays lointains que la Belgique, une heure, trois quarts d'heure de trop! et, pendant mes douze belles premières années, un charmant, verdoyant et murmurant petit coin de terre caché derrière un vieux saule planté sur le bord du Rhône, tout là-bas; honnète et calme petit village où je me reporte sans cesse par la pensée, par le souvenir, par le regret, par l'espérance, et que je vous montrerai un jour plus en détail dans *le Chemin de traverse*. Ce sont là tous mes pays lointains : je suis donc un voyageur comme il y en a peu, un voyageur n'ayant rien vu ; je suis même un voyageur comme il n'y en a pas, un voyageur qui ne voit rien de ce qui est sous ses yeux, et qui par conséquent n'a rien à décrire, rien à raconter. Donc rassurez-vous !

Aussitôt dit aussitôt fait, je pars. Ouvrez-moi la route et faites-moi place, car moi je suis aussi pressé que vous tous qui courez à votre but ; moi, cette fois, je n'ai absolument rien à faire ; et en avant ! C'est moi qui passe, moi-même, le *moi* oisif ! Déjà disparaissent à ma droite et à ma gauche les arbres du bois de Boulogne ; déjà s'enfuit de toute la vitesse de ses chevaux anglais le jeune Paris, si beau quand on le voit passer de loin. Sortir de Paris par la barrière du Trône c'est mal en sortir. On se dit en soi-même qu'on ne retrouvera pas là-bas, à coup sûr, tout ce qu'on laisse derrière soi; on jette un dernier regard de regret sur cette élégance naturelle, sur cet esprit facile et de bon goût, sur ces grâces légèrement apprêtées et pourtant si simples, sur ce beau luxe si éclatant et si frais, sur tout ce beau monde d'ironie et de fêtes, de scepticisme et d'esprit, de courage et d'insouciance, de plaisir et d'amour; ce monde parisien que l'on n'aime jamais plus que lorsqu'on lui dit adieu ; frivole, mais bon ; peu dévoué, mais aussi fort peu exigeant; flexible, non pas par lâcheté, mais par indifférence; usant sa vie, sa fortune, son avenir au jour le jour; tant pis si tout cela lui manque à son réveil! remettant toujours au lendemain les affaires sérieuses, et ne s'en trouvant pas plus mal ; se laissant gouverner par qui veut le gouverner, et toujours gouverné à sa guise, tant il est changeant et mobile; léger, vaniteux, sceptique, moqueur, tout en dehors. Adieu donc à vous, la belle foule aux beaux chevaux, aux longues fêtes, aux belles dames, aux folles pensées! Ainsi je lui parlais du cœur tout en courant au galop de mes chevaux; et cependant la belle foule était déjà bien loin de moi, et moi bien loin d'elle; elle allait à l'Opéra, et moi j'allais, je crois, dans une ville qu'on appelle la ville de Rouen.

De Paris à Rouen le chemin est magnifique : on va, on descend, on monte, on court, on marche, on traverse de jolis villages doucement éclairés par un beau clair de lune. C'est une belle chose un voyage de nuit, quand tout travail a cessé sur la terre, quand tout est sommeil et silence, quand l'eau même, cet infatigable manœuvre qui a travaillé tout le jour, se repose comme un homme de peine, et s'amuse à murmurer pour elle-même ; on se croirait dans un pays de féerie : il y a des oiseaux qui chantent dans les bois, il y a des femmes qui chantent sur leurs portes, il y a un léger filet de fumée qui s'échappe dans l'air, annonçant le repos du soir; il y a une église calme et transparente qui projette sur vous son ombre sainte et villageoise, il y a la cloche qui tinte l'*Angelus*. Mon Dieu! tout ce que je vous dis là est vulgaire, je le sais, tout cela c'est du domaine de la poésie descriptive, tout cela c'est un peu le vers de M. de Lamartine; mais que voulez-vous qu'on fasse de cette poésie du grand chemin et du petit village quand on la touche du doigt et du cœur, quand en effet vous vous apercevez qu'il y a dans le ciel de doux rayons tout blancs qui se posent sur vous, quand vous entendez dans l'arbre l'oiseau qui chante, et dans le le clocher la cloche qui murmure? que faire alors? Suivre l'exemple de Lamartine, de tous les grands poëtes : s'abandonner à son émotion sans la combattre, l'avouer tout simplement sans cacher ses larmes; et puis demander pardon à Dieu et aux hommes si on n'a pas la poésie de M. de Lamartine dans la tête et dans le cœur.

Voilà comment, après une course rapide sous les étoiles, à travers les arbres bruyants et les fabriques silencieuses, je suis descendu, par une belle nuit d'été, dans la vieille cité normande. Toute la ville dormait à l'ombre de sa cathédrale. Vue ainsi dans la nuit, Rouen est une ville pittoresque; chaque maison de la vieille cité conserve dans l'ombre favorable sa physionomie particulière. Aimez-vous les fenêtres étroites destinées à protéger les mystères de la famille? aimez-vous le vieux toit domestique qui s'avance bénévolement dans la rue comme pour protéger l'étranger qui passe? aimez-vous ces murailles lézardées par le temps qui ont abrité au dedans tant de générations évanouies, qui ont vu s'accomplir au dehors tant de révolutions oubliées? aimez-vous à traverser ces rues sinueuses où s'est agité le vieux peuple dans sa turbulence? et cette ville ainsi faite, brodée, noircie, sévère et calme, cette ville des anciens jours ne vaut-elle pas mieux à tout prendre, que les balcons de vos maisons modernes, sans passé, sans souvenir et sans mystères ? Telle était la ville de Rouen cette nuit-là, et je ne me lassais pas de la regarder ainsi sous son beau voile nocturne, et je m'inquiétais peu de trouver un logis à cette heure, et je me gardai bien de frapper à la porte d'aucune hôtellerie avant d'avoir admiré à mon aise ces deux grands colosses, l'honneur de la ville, la cathédrale et le grand Corneille. Quels grands miracles ! Mais avant tout il faut se prosterner devant le grand Corneille. Quel monument sacré de pierre, de marbre ou d'airain se peut comparer à *Cinna*, à *Polyeucte*, aux *Horaces* ?

La statue de Pierre Corneille, placée sur le pont de Rouen, est, comme vous savez, l'œuvre de M. David, membre de l'Institut. A tout prendre, c'est un bel ouvrage. M. David est un statuaire penseur ; c'est un homme très-versé dans la connaissance des poëtes, qu'il sait par cœur, qu'il aime et qu'il admire autant que personne. M. David est en outre un artiste peu mythologique de sa nature; il sait que l'art ne doit pas être jeté en pâture aux choses futiles. Ne craignez pas qu'il s'amuse à tirer du marbre ou à jeter en bronze des faunes et des satyres, des Vénus ou des bacchantes, des Arianes abandonnées ou des Jupiter porte-foudre; c'est un homme sérieux et sévère, qui a le grand mérite d'avoir fait entrer l'art dans la réalité. Donnez-lui à copier une grande tête, un vaste front, une de ces intelligences supérieures dont s'honore notre époque : notre artiste est à l'aise. Nous l'avons vu copier ainsi la tête du général Foy; nous l'avons vu, quand Talma a été mort, se pencher vers cette belle tête défigurée par la souffrance, et ranimer autant que cela est donné à l'art cette grande physionomie. Pauvre Talma ! comme la mort l'avait changé! elle avait écrasé de sa main de fer ce charmant regard qui allait à tous les cœurs; elle avait tordu hideusement cette bouche souriante ou terrible d'où sortait une puissante voix qui retentit encore à nos oreilles depuis bientôt quinze ans qu'elle s'est éteinte; elle avait brisé ce cou si beau et si blanc dont Talma était si fier et qu'il portait toujours tout nu, même dans l'intimité; aimable coquetterie d'un homme supérieur. Eh bien! sur ces traits déformés par la mort, sur ce masque méconnaissable, même pour les amis du trépassé, le sculpteur David a retrouvé le regard, la bouche, le visage de notre grand comédien; il a rendu à la vie, dans tout son éclat et dans toute sa majesté, cette noble et vivante figure que nous croyions perdue à jamais. C'est là un grand miracle de l'art, mais aussi c'est là le chef-d'œuvre d'un artiste habitué à vivre avec les grands hommes, habitué à étudier les moindres nuances de leurs visages. Si M. David a recomposé si vite le Talma d'autrefois avec le Talma qui n'était plus, c'est que le statuaire avait compris le comédien.

Voilà ce qu'il faut dire à la louange de l'artiste qui a jeté en bronze la statue du grand Corneille. Mais à côté de cette louange on peut placer un reproche : c'est qu'à force de s'être pénétré de l'esprit et du génie des grands hommes auxquels il a voué son culte et sa vie, M. David a fini par exagérer leur ressemblance ; à force de les avoir vus dans toute leur grandeur, il a fini par les faire trop grands. Les bustes de M. David manquent certainement, sinon de vérité, du moins de vraisemblance. Vous rappelez-vous la tête qu'il a faite de Sa Majesté Goëthe Ier, empereur et roi de Weymar, de Vienne, de Berlin, d'une partie de la France et de l'Angleterre? David, poussé par le génie allemand qui a eu tant d'influence sur notre siècle, s'en va à Weymar. Il demande l'adresse du poëte à un enfant ; l'enfant lui montre une noble maison, une maison royale : dans cette maison il y avait Goëthe. C'était une magnifique tête chargée de pensées, de nobles rides et de longs cheveux blancs; c'était la tête d'où étaient sortis tout armés ou tout charmants Faust et Méphistophélès, Marguerite et Werther. Le statuaire fut ébloui. Tremblant, ému, hors de lui, il dessina dans la terre la tête du noble vieillard. Puis il s'en revint à Paris, croyant n'avoir fait qu'un portrait; il avait fait un colosse. La douane, voyant cet énorme ballot, ne put jamais croire que ce morceau de terre glaise ne renfermait qu'une face humaine : le douanier prit donc son épée et transperça d'outre en outre cette ébauche; excusable douanier en effet, il jugeait du crâne de Goëthe par son propre crâne. Quoi qu'il en soit, le buste de Goëthe par David est une chose phénoménale. C'est que M. David a vu la tête de Goëthe en dedans. Or le statuaire, comme le peintre, ne doit voir une tête qu'en dehors.

Ainsi a fait M. David pour la tête de M. de Châteaubriand, qu'il a faite colossale, lui ôtant ainsi beaucoup de sa grâce et de sa mélancolie; ainsi a-t-il fait aussi pour la statue de Pierre Corneille, Pierre Corneille, le frère, l'ami, le compagnon, le collaborateur de Thomas Corneille, qui lui prêtait ses rimes; Pierre Corneille, ce grand homme de génie si humble, si doux, si bourgeois, si triste, si mal nourri et si mal vêtu; celui dont Labruyère, qui, Dieu merci! n'est pas un philosophe pitoyable, a dit quelque part : « Cet homme est simple, timide, d'une ennuyeuse conversation; il prend un mot pour un autre, il ne sait même pas lire son écriture. » Voilà pourtant l'homme que le statuaire nous représente debout, inspiré, écrivant avec une plume de fer et revêtu d'un manteau dont l'ample étoffe eût suffi pour habiller toute la famille Corneille pendant trois hivers! Et plût au ciel que le grand Corneille eût jamais possédé un manteau pareil! comme il en aurait bien vite fait quatre parts! comme il en eût donné bien vite cinq ou six aunes à son frère en disant : « Voici un bon manteau, Thomas! » Comment voulez-vous que je reconnaisse dans ce riche appareil le pauvre grand poëte qui fut opprimé par Richelieu et qui fit peur à Louis XIV? Non, ce n'est pas là ce même homme dont Labruyère a dit encore : — « Le comédien, couché dans son carrosse, jette de la boue au visage de Corneille qui est à pied. »

Quand nous avons un grand homme à reproduire, faisons-le ressemblant avant de le faire grand et majestueux ; soyons justes pour les grands hommes, du moins après leur mort. Plus un homme a été simple et modeste dans sa vie, et plus nous devons redouter de lui ôter de sa grandeur naturelle en lui donnant une grandeur factice. Le grand Corneille ne s'est jamais représenté comme nous le montre M. David, même dans ses préfaces les plus glorieuses ; toute sa vie il a été un bonhomme par cela même qu'il a été un grand poëte. Croyez-vous aussi que si vous l'aviez représenté dans une allure moins cornélienne, c'est-à-dire plus naturelle, l'homme du port qui traverse la Seine, le cultivateur qui retourne à ses herbages, le peuple qui passe et qui souvent ne s'arrête pas devant votre bronze le voyant si grandiose, n'aurait pas demandé, à la vue d'un simple poëte en simple habit, marchant sans façon d'un pas naturel, l'air pensif et la canne à la main : — *Quel est ce bonhomme de la rue Vieille qu'on a fait en bronze à la plus belle place de notre Pont-Neuf?* Et chacun aurait répondu : Ce bonhomme en bronze est ton compatriote, à toi qui parles; comme toi il est né à Rouen de parents pauvres; il a été tout simplement le plus grand poëte et le plus grand politique du temps du cardinal de Richelieu et de Racine.

O Corneille, la grande puissance poétique de notre âge; Corneille, le poëte politique qui parle tout haut des plus grands intérêts de l'histoire, l'homme qui le premier a débattu sur le théâtre les grandes questions de royauté et de république qui depuis 89 agitent le monde; Corneille, dans lequel Bonaparte a retrouvé l'étoffe d'un grand ministre d'un grand ministère de l'Empereur; Corneille, l'honneur impérissable de cette ville de marchands, d'armateurs, qui dort couchée à tes pieds, toi son incomparable honneur, toi qui as attendu si longtemps ta statue, c'est toi le premier que je salue dans la nuit! A toi mes hommages et mes respects silencieux, ô grand homme d'une âme romaine! à toi mes souvenirs sans faste et mon admiration muette; car c'est ici même, à cette même place, le jour où ta statue apparaissait dans sa gloire, qu'ont été prononcés tant de discours médiocres par nos célébrités contemporaines. Ils sont venus tous de Paris étaler pompeusement leur gloire d'académie et de théâtre, et essayer si, à l'aide de leur prose et de leurs vers, ils pourraient se hisser un instant à la hauteur de celui qui a écrit *Rodogune!* Oh! que ce dut être un misérable spectacle celui-là! Le grand bronze inauguré avec de si misérables paroles, Corneille, à qui l'auteur d'*Antony* reprochait...pardonne-lui, Corneille... *d'avoir été attaché au fil d'une dédicace*; Corneille, que M. Lebrun osait *défendre* en plein air !... défendre contre qui ? grand Dieu !... M. Lebrun de l'Académie française, le même *protecteur* de Corneille qui a refait le Cid de Corneille, qui a intitulé son œuvre le *Cid d'Andalousie*, comme si le Cid de Corneille était le Cid de Pontoise ! Et dans ce grand jour solennel, en pleine cité, à cette place éminente, sous ce beau soleil, pas une parole correcte, pas une louange raisonnable pour celui-là qui fut le père de la tragédie en France comme Shakspeare a été le père de la tragédie en Angleterre !... Corneille, qui a trouvé ses héros, qui a trouvé son drame, qui a créé ses grands Romains ; génie à part, moitié espagnol et moitié latin, à la fois le contemporain d'Auguste et du Cid ; le seul homme en Europe dont le regard fier et superbe ne se soit pas baissé devant la gloire du cardinal de Richelieu !... Oh ! quelle surprise ce dut être pour vous, Pierre Corneille, quand vous entendites cette faible voix qui vous parlait, et quand en regardant à vos pieds vous aperçûtes tout au bas l'auteur du *Cid d'Andalousie!*

Ainsi, à peine arrivé dans la ville natale de Pierre Corneille, j'allai expier par mon plus profond respect, et surtout par mon profond silence, les louanges calomniatrices dont on l'avait chargé à cette place. Et, comme toute bonne action a sa récompense, il me sembla que, pour prix de mon silence, ce puissant regard qui anima tant de vertus héroïques, qui ressuscita tant de grandeurs évanouies, qui tira de la poudre des tombeaux tant de révolutions éteintes, se posait sur moi avec bienveillance, et que le grand Corneille écoutait la prière que je lui faisais humblement dans mon cœur : — Vous qui tenez une si haute place là-haut dans le ciel poétique, grand homme! vous qui avez Shakspeare à votre droite et Racine à votre gauche, vous qui voyez Molière face à face, vous dont Voltaire porte en souriant, et cependant avec toute la vénération dont il est capable, la robe sainte et sacrée; ô Corneille! jetez sur nous un regard favorable, car vous seul vous pouvez nous sauver; vous seul, en effet, vous êtes aujourd'hui le modèle et le dieu sauveur de la poésie dramatique. Voltaire a été épuisé et dépassé par sa propre philosophie, car la révolte qu'il a prêchée a depuis longtemps renversé tous les obstacles et franchi toutes les limites. Racine, l'adorable, n'a été possible que sous le grand roi, au milieu de ces élégantes amours dont il était l'interprète, et, sans le savoir, le chaste complice. La tragédie d'un seul à l'usage d'un seul, la tragédie individuelle de Crébillon, par exemple, n'est plus possible non plus de nos jours; car aux masses d'à présent il faut un théâtre fait pour les masses. Vous seul, ô vous, l'homme politique, vous êtes le seul modèle possible aujourd'hui; vous seul, vous savez parler aux peuples des intérêts et surtout des passions des peuples; vous seul, vous savez le secret de toutes les révolutions, c'est-à-dire le terme de toutes les grandeurs; vous seul, vous mettez à nu le héros qui vous tombe sous la main, et après l'avoir dépouillé de son manteau de pourpre, après avoir écarté ses licteurs, vous nous le montrez encore grand et redoutable, si en effet il est grand et redoutable par lui-même. Il n'y a pas jusqu'à la langue que vous avez faite, ô Corneille, à laquelle nous ne revenions de toutes nos forces, parce qu'aussi bien votre langue seule est possible. Nous sommes si loin de la pureté excellente de Racine, et nous vivons si peu de temps, nous et nos œuvres, que nous n'avons ni le temps, ni la volonté, ni la force de reproduire cette perfection désespérante, cette parfaite et harmonieuse passion, ce récit toujours clair, élégant, châtié, qui n'est autre chose que la perfection dans le style, dans la passion, dans l'idéal. Vous, Corneille, vous allez plus vite au fait que Racine, votre fils; vous marchez brièvement, simplement à votre but, comme un grand poëte qui est aussi un grand homme d'affaires ; vous, vous êtes à la tête de la vieille langue, qui va droit à son but sans phrase, sans périphrase, sans détour. Ce n'est pas vous qui auriez fait l'admirable et inimitable et inutile récit de Théramène; mais aussi est-ce vous que notre époque littéraire a adopté sans le savoir ; c'est vous qui avez pris par la main M. Lemercier, ce vieil académicien, et M. Victor Hugo qui sera bientôt un académicien, hélas! et à chacun d'eux vous avez fait produire ce qu'ils pouvaient produire. Vous avez tiré M. Lemercier de la littérature impériale, insigne honneur, inappréciable bonheur dont il n'a pas assez profité, l'ingrat! Quant à l'autre, le trouvant tout élevé à l'espagnole, comme vous avez été élevé vous-même, vous lui avez inspiré son plus beau drame, son *Honneur castillan*, souvenir lointain du *Cid*, cette première histoire dramatique de l'honneur castillan. Oui, M. Hugo, notre espoir, est votre nourrisson, Corneille. Heureux s'il voulait toujours vous suivre! heureux si, en vous prenant votre style, vos tours brusques et imprévus, votre vers heurté, coupé en deux, énergique, il vous empruntait aussi la simplicité de votre fable, la clarté de votre action, le dénouement terrible de votre tragédie! heureux s'il vous suivait de plus près dans cette route que vous avez tracée, et qu'il a retrouvée avec tant d'assurance et de tenacité!

O Corneille! venez à notre aide! sauvez-nous de la tragédie en prose, sauvez-nous des portes dérobées, des espions qui espionnent dans la nuit, des poisons et des contre-poisons, des cercueils pleins aussi bien que des cercueils vides; sauvez-nous des échelles de corde, des cachettes en partie double et des clairs de lune qui reviennent trop souvent. Enseignez-nous comment on est grand en restant toujours simple, comment on ne se guinde pas au sublime, mais comment on y arrive d'un mot quand ce mot-là c'est la passion qui le prononce; apprenez-nous aussi

comment la tragédie n'est pas autre chose que l'histoire des grands hommes et des grands peuples, faite de manière à servir de leçon au présent et à l'avenir. Enfin, puisque votre statuaire, plus libéral que le cardinal de Richelieu ou le roi Louis XIV, vous a gratifié d'un si large manteau, ô grand homme, couvrez-nous de votre manteau ! — Ainsi soit-il.
— Amen.

Ma prière terminée, je saluai une dernière fois ce grand dieu de la poésie moderne, et je fus frapper du même pas à la porte d'une hôtellerie. C'était au moment où le jour n'est pas là encore, où la nuit n'est déjà plus.

Déjà cependant la ville sortait de son repos, comme une ville occupée, industrieuse, qui vend, qui achète, qui produit, qui dépense, qui laboure, qui tisse, qui forge, qui fait tous les métiers pour être riche et considérée. C'est une chose pleine d'intérêt le réveil d'une pareille cité. Je ne sais pas si vous avez remarqué comment se fait cette opération singulière qui tout d'un coup jette la vie, le bruit et le mouvement dans ces rues silencieuses, dans ces places vides, sur ces quais muets. A peine le soleil se montre que déjà chaque maison se réveille; chaque maison ouvre peu à peu ses portes et ses fenêtres, comme un homme laborieux ouvre ses deux yeux fatigués de dormir. Alors peu à peu disparaît la ville de la nuit et du silence pour faire place à la ville du bruit et du jour. On dirait que les vieilles maisons si calmes et si bourgeoises de tout à l'heure disparaissent pour faire place à d'autres maisons, comme les étoiles qui font place à d'autres étoiles. Quels changements soudains! telle maison, qui était dans la nuit un vaste et magnifique palais, n'est plus au grand jour qu'une chétive masure; la cathédrale, qui tout à l'heure était si imposante au clair de lune, s'en va peu à peu en perdant de sa majesté et de sa grandeur quand vient le jour; la statue de Corneille lui-même, qui m'avait paru gigantesque, me paraît à présent écrasée et affaiblie sous les premiers rayons du soleil naissant; tout change dans le colosse et autour du colosse... Où suis-je? quel rapide chemin de fer m'entraîne si loin déjà ?... Non déjà ce n'est plus là ma ville de tout à l'heure dont j'étais le maître souverain, dont j'étais le seul propriétaire, dont j'étais le juge sans appel; ce n'est plus la ville calme, posée, tranquille, poétique, bruyante, qui ouvrait à moi seul ses rues, ses quais, son port : c'est une ville qui s'agite pour son pain quotidien, une ville qui se réveille pour travailler, pour agir, pour souffrir, pour mourir. Tout à l'heure j'étais le maître, j'étais le roi de ce monde endormi : à présent je ne suis plus qu'un étranger à qui le dernier gendarme a le droit de demander son passeport. — Cachons-nous.

Je n'ai donc vu la ville de Rouen qu'à la clarté de la lune, et je l'ai vue très-calme, très-belle, très-vieille et respectable. Dans le jour la ville de Rouen est une ville qui ressemble à toutes les villes où il faut acheter la vie par son travail, où chacun est attaché à sa tâche, ville semblable à toutes les villes qui vivent à la sueur de leurs fronts et du travail de leurs mains. Les villes ont bien souvent les destinées des hommes : il y a des villes comme il y a des hommes qui vendent, qui achètent, qui fabriquent, qui placent leur argent à gros intérêt, qui pensent à l'avenir et qui s'inquiètent du cours de la rente ; il y a d'autres villes qui, comme autant de bourgeois retirés des spéculations et des affaires, pensent, rêvent, dorment la nuit sous leurs toits bien chauffés, ou le jour à l'ombre de leurs arbres; il y en a d'autres enfin qui n'appartiennent ni à la spéculation commerciale ni à la spéculation philosophique : ce sont des villes et des hommes venus au monde avec un certain revenu tout fait dont ils se contentent sans désirer davantage, nonchalantes cités qui n'ont qu'à se laisser être heureuses, qui s'amusent à médire en hiver, et en été à regarder les nuages qui passent; elles savent le nombre des cailloux de leurs rivages parce qu'elles ont eu le temps de les compter; elles vous diront combien de fagots a produits l'an passé le vieil orme de leur place publique. Laquelle de ces villes vous paraît préférable, à votre sens? la ville qui travaille toujours, la ville qui a travaillé et qui se repose, ou la ville qui s'est reposée toujours? En fait de ville qui travaille, parlez-moi de Paris; parlez-moi de Paris en fait de ville qui pense; en fait de ville qui se repose, parlez-moi de Paris encore. Paris c'est le travail, c'est la philosophie, c'est le sommeil, c'est tout ce qu'on pense, c'est tout ce qu'on veut, c'est l'Eldorado avec Candide, avec Pangloss, avec Cunégonde, et surtout avec les sept rois détrônés qui vont passer le carnaval à Venise. —Vive Paris!

Voilà donc tout ce que j'ai vu à Rouen : la cathédrale et la statue de Pierre Corneille; un vaste édifice frappé de la foudre et sans croyance, un bronze d'hier entouré de toutes les adorations et de tous les respects de la foule; ici un temple sans dieu, et là-bas un dieu sans temple; des ruines saintes autrefois, aujourd'hui dévastées, et que réparent lentement, chétivement et tristement quelques manœuvres sans foi qui se croiraient mieux employés à construire un corps de garde ou une mairie; sur le pont un homme autrefois méconnu, humilié, chassé, couvert de misère, bien plus, *couvert de boue par le comédien qui passe,* et pour lequel on vient de construire un piédestal tout neuf de marbre et d'airain; ici une église silencieuse, dévastée, livrée à la poussière, misérable; là-bas un culte de toutes les intelligences et de tous les cœurs; ici la désolation et l'oubli; là-bas le respect et l'admiration. En présence de pareils spectacles et de si tristes antithèses, qui oserait dire de quel côté aujourd'hui est la croyance, et qui donc est devenu dieu? Ce que c'est que le temps! le temps enlève au Christ, qui a été adoré pendant dix-huit siècles, la gloire et les hommages, pendant qu'il jette une auréole immortelle sur un pauvre homme de cette ville qui est mort il y a à peine plus d'un siècle. Croyez donc à l'immortalité des croyances divines ou bien désespérez de la gloire humaine après cela !

On peut donc résumer la ville de Rouen par ces deux mots : une cathédrale qui tombe et une statue de bronze qui va s'élevant toujours ; comme aussi on peut dire que la ville de Dieppe c'est un filet d'eau de mer qui suinte sur un caillou. Dieppe est la plus triste des villes et la plus pénible à voir ; c'est une grande et misérable hôtellerie, sans l'imprévu, sans les hasards, sans les heureux accidents des hôtelleries ordinaires ; triste ville qui vend son eau salée à de tristes baigneurs. On peut la voir, celle-là, pendant la nuit, on peut la voir pendant le jour : c'est toujours la même ville, c'est toujours le même ennui. C'est une de ces cités éternellement endormies dont je

vous parlais tout à l'heure, et qui ne sortent
de leur profond sommeil qu'à certaines heures de l'année, pour payer leur impôt, pour
gauler leurs pommes, pour faire leur provision
lamentable de bière et de cidre; après quoi la
ville se recouche sur elle-même, et elle lèche
sa patte comme l'ours dans l'hiver. A peine
entré à Dieppe, on cherche la mer, et on est
tout étonné de trouver la mer tout au loin,
bien loin des maisons et des rues, qu'elle ani-
merait par son grand bruit et par ses grandes
couleurs. Au reste, en fait de mer, ne me par-
lez pas des rivages qui ne servent qu'à baigner
quelques malades, et dont le flot indigné se
trouve arrêté, non par le noble grain de sable
de l'Écriture, mais par le cadavre à demi vi-
vant d'un homme! C'est là une humiliation
que le Tout-Puissant n'aurait pas osé prédire
à la mer, cet enfant de sa colère. A peine arrivé
à Dieppe, l'étranger qui n'a rien de mieux à
faire se rend à la mer, et aussitôt, malade ou
bien portant, mince ou replet, sans que per-

sonne lui crie *gare* il se jette dans l'eau salée. Je ne suis pas un grand docteur ; mais, en toute conscience, je vous dis que ceci est une grande imprudence. Il s'en faut de beaucoup que ce grand flot tout imprégné de sels soit un remède sans danger ; au contraire, c'est là un bain si puissant et si énergique que les plus grands accidents peuvent vous saisir au sortir de cette eau trompeuse : le vertige, les douleurs aiguës, de graves accidents à l'intérieur, la peau qui brûle, les nerfs qui vous battent par tout le corps, de longues insomnies, ou un lourd sommeil plus triste encore, tels sont les accidents qui attendent l'imprudent qui s'abandonne sans conseil au plaisir de surmonter et de défier les vagues. Moi qui vous parle, j'ai éprouvé une partie de ce malaise après cinq ou six bains d'une heure à la lame. Il est vrai que d'abord c'est un grand plaisir et une grande fête : sentir le flot qui se brise à vos pieds en écumant ; avancer pas à pas, et tout d'un coup se jeter dans une vague menaçante qui vous prend au corps avec force, et qui, bientôt domptée, vous balance doucement comme un enfant. Vous allez, vous venez : vous êtes tantôt dans le ciel, tantôt dans l'abîme; l'eau est tiède, l'air est frais; vous oubliez l'heure qui passe; puis, sorti du bain, vous retrouvez dans vos membres une souplesse inaccoutumée. Tout cela est bon et doux, mais prenez garde aux suites de ce violent remède! Vous sortez de là tout imprégné de sel; cette eau violente a battu vos flancs avec fureur et forcé votre corps à supporter ce poids immense : les suites en seront cruelles. Il me semble qu'en ceci le baigneur est trop livré à lui-même ; qu'il devrait être obligé, avant de s'abandonner à cet élément si nouveau pour lui, de prendre le conseil et au besoin les ordres du médecin des bains de mer, d'autant plus que ce médecin est un homme d'un grand mérite, simple, éclairé, indulgent, qui mieux que personne a étudié les violents effets du violent

remède qu'il administre. Malheureusement
cet homme, qui devrait être tout-puissant en
ces lieux, n'a qu'une action très-indirecte sur
les baigneurs ; il n'a que l'autorité que lui
donnent ses lumières et son expérience, et
par conséquent il a fort peu de crédit. Encore
une fois, un médecin des eaux salées ou non
salées devrait être le maître souverain des
eaux qu'il administre. La chose est d'autant
plus importante que la plupart des grands
médecins de Paris sont passablement ignorants
sur ces matières; témoin un grand docteur, D.
M. P., qui envoyait cette année une de ses malades aux bains de mer avec cette consulta-
tion innocente : « Mme*** prendra pour com-
« mencer un bain d'une heure ; elle pourra,
« après les premiers jours, prolonger son bain
« jusqu'à deux. » Or la dame en question était
une pauvre jeune femme frêle et maladive,
incapable de supporter la moindre secousse ;
un bain d'un quart d'heure l'aurait infailli-
blement laissée sur la place. M. le docteur

Gaudet, à qui la jeune malade eut la prudence de montrer cette étrange ordonnance, lui prescrivit, pour commencer, une aspersion de deux minutes, pour arriver à un bain de quatre à cinq minutes à la fin de la saison. Comme vous voyez, il y avait bien loin de cette ordonnance aux deux heures d'eau salée si imprudemment conseillées par le médecin de Paris.

Il me semble que tout ceci est tant soit peu médical... Eh ! pourquoi pas, je vous prie? Un bon conseil, d'un homme qui a été imprudent, fait souvent plus d'effet que l'avertissement d'un célèbre faiseur de théories. Hélas ! ce grand chirurgien qu.. ⸱ plus, cet homme qui était le repos et la consolation de tant de familles, cette providence visible qui veillait toute la nuit et toutes les nuits pendant que nous dormions, Dupuytren, mort si tôt et si vite, lui aussi il a de beaucoup avancé le terme de sa vie, cette vie si utile à tous, en prenant imprudemment des bains de mer à Tréport.

Dieppe, comme vous le savez, était un des caprices favoris de Mme la duchesse de Berri à ses beaux jours de puissance et de caprices : elle a fondé les bains de Dieppe en même temps qu'elle a fondé le Gymnase ; sa bienveillante protection a encouragé en même temps M. Scribe et ce petit coin de mer. C'était une de ces femmes volontaires, enfants gâtés de la royauté et de la fortune, qui ne doutent de rien jusqu'au jour fatal et imprévu où tout s'en va à tire-d'aile, royauté, fortune, puissance, plaisirs, flatteurs... Trop heureuse encore la misère royale qui ne perd que cela !

Mais il est arrivé à Dieppe ce qui arrive à toutes les fondations royales, ce qui est arrivé en grand au château de Versailles, par exemple : quand la toute-puissante main qui avait créé ces merveilles se retira glacée par la mort, adieu toutes ces merveilles ! L'histoire des bains de Dieppe est en petit l'histoire du Versailles de Louis XIV : cette plage, bâtie tout exprès pour la duchesse, est à peu près déserte; cette vaste salle de bal disposée pour elle, où elle venait danser comme une mortelle, et qui n'était pas assez grande pour contenir la foule de tous ses courtisans jeunes et bien portants, est à peine à moitié remplie par quelques malades froids et silencieux ; plus de fêtes, plus de joie, plus de promenades en mer, plus de brillants carrousels, plus d'écho qui répète les folles paroles, plus rien de cette jeunesse dorée qui se promenait sur le rivage, hier encore si insolente, si heureuse, et maîtresse de l'avenir ! Autrefois cette riche galerie qui tombe sous le vent de l'adversité était ouverte à tous les baigneurs gratuitement, et elle faisait fortune; aujourd'hui on paie pour y entrer, et la galerie est ruinée. Mais je n'ai pas besoin de m'arrêter davantage à vous décrire cette mesquine désolation : ne vous êtes-vous pas promené plus d'une fois dans les allées silencieuses du petit Trianon ?

Et puis, ce qui attriste tous ces lieux que baigne la mer, ce qui fatigue dans toutes ces montagnes d'où jaillit l'eau chaude ou l'eau gazeuse, c'est une race à part de voyageurs anglais, qui sont bien les plus tristes hommes de ce monde, les plus ennuyeux et les plus ennuyés à la fois ; race nomade et tristement vagabonde, qui n'a point de patrie et qui colporte son opulente misère de Florence à Paris, de Paris à Pétersbourg, des eaux salées aux eaux sulfureuses ; pâles Anglais qui vont partout, qui se reposent partout, qui mangent, qui s'ennuient et qui dorment partout, excepté en Angleterre. Vous ne sauriez croire, mon ami, combien cette nouvelle race de Bohémiens civilisés est d'un effet désagréable dans tous les lieux où on les rencontre. Parlez-moi d'un Anglais en Angleterre ! Un Anglais à Londres est un être intelligent, actif, occupé, laborieux, tout entier aux affaires présentes, en proie à toutes les nobles passions, généreux, riche, opulent, presque spirituel ; mais un Anglais en France, un Anglais aux bains de mer, oh ! la triste, la sotte et lamentable figure ! Ils arrivent chez nous dans leurs plus vieux habits, sous leurs plus vieux chapeaux et avec leur physionomie la plus dédaigneuse. A les voir attelés l'un à l'autre, et suivis pour la plupart de pauvres servantes qu'ils font griller au soleil sur le siége de derrière de leurs voitures, quand ils ont des voitures, on dirait un troupeau de moutons mal lavés et mal peignés. A peine arrivés dans une ville, ils s'en emparent, ils en sont les maîtres ; la ville est à eux, il n'y a plus de place pour personne ; ils parlent tout haut dans leur jargon barbare, ils disputent tout haut, ils prennent le haut du pavé sur tout le monde comme s'ils étaient à Londres sur le pont de Waterloo ; on dirait qu'une troisième invasion les a vomis dans nos murs, tant ils sont orgueilleux et superbes. Et je vous avoue qu'en ceci ces messieurs sont logiques : ils ont vu tellement se prosterner vers eux les ignobles avidités de nos aubergistes, postillons et marchands de toute espèce, qu'ils se sont figuré et qu'ils se figurent encore que la France ne vit que par eux et pour eux. Ainsi, à Dieppe même, quels hôtels, ou plutôt quelles hôtelleries rencontrez-vous en débarquant? des hôtelleries à l'enseigne de l'Angleterre : *Hôtel d'Angleterre,* — *hôtel du Roi d'Angleterre,* — *hôtel de Londres,* — *hôtel d'Albion,* — *hôtel du Régent,* — *hôtel de Windsor.* Je vous dis que la ville est à eux! Et pourtant Dieu sait si la ville n'est pas pour le moins aussi redevable de sa prospérité aux pauvres Français, qui ne sont que des Français, qu'à tous ces milords équivoques auxquels elle fait de si aimables avances! Quoi qu'il en soit, l'honnête voyageur qui sait vivre laisse les Anglais aller par troupes, traînant à leur suite leurs grandes femmes plates, longues, sèches et jaunes, et leurs petits enfants de vingt à vingt-cinq ans qui s'en vont, un cerceau à la main, les cheveux épars comme nos jolis petits garçons ou nos jolies petites filles de six ans dans le jardin des Tuileries. Voilà donc en partie les plus aimables habitants de la ville, les Anglais; car, pour les véritables habitants de Dieppe, on ne sait pas dans quels trous ils se cachent; dans les murs de la ville de Dieppe un citoyen de Dieppe est une rare curiosité. En effet, aussitôt que la saison des bains est arrivée, chaque propriétaire dieppois met un écriteau anglais à sa porte annonçant à tout passant, en anglais, que ladite maison est à louer. C'est une règle générale à Dieppe, cette ville vénale, pour quiconque possède une table, un fauteuil, un lit passable, une chambre honnête, de tout céder au premier venu, pourvu qu'il soit Anglais et qu'il ait un peu d'argent. A ces conditions, lit, table, fauteuil, tout y passe; chaque recoin de cette honorable maison est ainsi mis à l'encan par son propriétaire; et quand la maison est pleine d'Anglais le propriétaire s'éclipse on ne sait où, divinité présente, il est vrai, mais invisible, qui voit tout et qu'on ne voit pas, qui comprend l'anglais pour le moins aussi bien que le français, et qui ne parle ni l'une ni l'autre langue. Seulement, lorsque le froid a chassé le dernier Anglais de cette ville à l'encan, les propriétaires de ces maisons louées se hasardent à rentrer dans leur lit, dans leur chambre et dans leur fauteuil. Ainsi donc pour l'étranger, je veux dire pour le Français qui est à Dieppe, il ne faut pas compter sur cette population d'hiver.

Mais aussi quel bonheur quand, au milieu de ce désert habité, vous rencontrez un homme de votre vie de chaque jour, une belle et aimable Française de Paris, un petit coin de voile blanc ou de joue toute rose! et comme vous lui savez gré de ce bel air natal qui lui va si bien dans ce pays ennemi! Alors vous comprenez qu'il y a des gens sur nos grands chemins de France qui ne sont pas des vagabonds d'Angleterre; alors vous êtes sur le point de chanter comme Tancrède : *O patria!* Voilà ce qui fait qu'à Dieppe on a vite fait amitié de France à France, de main blanche à main blanche. Sur la mer, dans la mer, partout les Français se recherchent et s'appellent, se liant, se reconnaissant, s'admirant les uns les autres; jamais on n'a tant aimé ses semblables! jamais on ne s'est senti si heureux de se voir et de se revoir! C'est ainsi qu'on élève autel contre autel, c'est ainsi qu'on se renforce contre l'Anglais les uns les autres, et qu'on répond à ses cris aigus par des sourires, à sa joie si triste par une franche gaieté, à son appétit farouche de table d'hôte par quelques repas élégants et choisis au parc aux huîtres, à son amour pour la bière ou pour le cidre *à dépotoyer* par quelques joyeux verres de vin de Champagne, ce vin français qui reconnaît au premier bond un Français de France, et qui le remercie en frémissant de plaisir de lui épargner la douleur de passer le détroit. Voilà comment, à Dieppe, nous autres Français nous avons élevé autel contre autel, France contre Angleterre, gaieté et bonne humeur contre ennui et tristesse, le vin de Champagne contre le cidre... Et vive la joie! Tout l'avantage a été pour nous.

Or voici ce qui se passait un soir sur la jetée, par un beau soleil couchant qui enveloppait la mer d'un voile d'or et d'azur.

Un homme se promenait en silence, la tête nue et dans l'attitude du recueillement. Chacun s'écartait devant lui par intérêt et par respect; tout le monde avait les yeux fixés sur le noble étranger, et personne ne paraissait le regarder. C'était la plus belle tête qui se puisse voir en ce monde depuis que lord Byron n'existe plus. Son grand œil noir, plein de feu, parcourait la vaste étendue de la mer; ses cheveux, bouclés et blanchissants, voltigeaient autour de sa tête; c'était le plus grand génie de la France, c'était M. de Châtéaubriand! Les marins du port regardaient le grand poëte avec autant d'émotion que lui-même il regardait la mer; bien plus, les Anglais eux-mêmes, à l'aspect du poëte de la France, avaient l'air ému et attendri.

Voilà ce que c'est que la gloire! Imposer silence même à la mer! rendre attentif même le rude matelot qui ne sait pas lire, et qui pourtant sait votre nom! remplir par sa seule présence tous les yeux de larmes et tous les cœurs d'émotion! Croyez-vous que ce ne soit pas là la gloire?

Eh bien! non ce n'est pas là encore la gloire. La gloire c'est de pouvoir se dire comme M. de Châteaubriand : A l'heure qu'il est je donne au monde, par mes livres, les plus grandes et les plus salutaires leçons de la philosophie et de la morale; à l'heure qu'il est je fais la joie et le bonheur du foyer domestique : les jeunes gens et les vieillards s'inclinent devant moi comme devant leur maître; le tout petit enfant lui-même apprend à épeler le nom de

Dieu dans mes œuvres; à l'heure qu'il est le monde entier me rend à moi-même cette justice que je n'ai eu toute ma vie que des paroles d'amour, de charité, d'espérance; à l'heure qu'il est je puis mourir, parce que j'ai été fidèle; et je mourrai béni, pleuré, honoré, utile. Voilà ce que c'est que la gloire!

Et quand M. de Châteaubriand fut parti de Dieppe, car il partit le lendemain de mon arrivée, chaque baigneur voulait avoir été le baigneur de M. de Châteaubriand. Or M. de Châteaubriand ne s'était pas baigné.

Or il n'y a qu'un seul baigneur à Dieppe qui s'intitule le baigneur de Mme la duchesse de Berri.

Vous sentez bien que M. de Châteaubriand n'était pas seul à Dieppe. Quand M. de Châteaubriand est quelque part, tenez-vous pour assuré que ses amis ne sont pas loin. Mme Récamier l'avait suivi, et par conséquent M. Ballanche. Singulière trinité, celle-là : poésie, amitié, philosophie! l'éclair et le

nuage qui paraissent sur le même fond. La
vie de Mme Récamier est en vérité une vie heureuse et sage : parmi tous nos orages elle a
sauvé du naufrage la conversation et l'amitié;
elle a sauvé l'esprit intime, le plus difficile et le
plus rare de tous les genres d'esprit, cet esprit
qui n'est pas un esprit de livres, ni de revues,
ni de prose, ni de vers. Autour de Mme Récamier, et comme dans un calme et inabordable
sanctuaire, se sont réfugiés les loisirs poétiques
de quelques hommes d'élite fatigués des adorations de la foule. Quel bonheur pour Mme Récamier d'avoir ainsi tendu sa petite main à
M. de Châteaubriand toutes les fois que M. de
Châteaubriand a été surpris par l'orage ! Mais
aussi quel inestimable bonheur pour M. de
Châteaubriand d'avoir ainsi trouvé une amie
dévouée, attentive, patiente, résignée, toujours prête, jamais abattue, jamais découra-
gée, même par les malheurs de ses amis, qui
sont les siens; jamais orgueilleuse de leurs
succès, qui sont les siens! Et, comme toute

belle action a sa récompense dans ce monde et dans l'autre, le nom de Mme Récamier est attaché à jamais au nom de M. de Châteaubriand, c'est-à-dire tout simplement que ce nom-là est immortel.

Quand une femme naturellement élégante arrive quelque part, fût-ce dans la plus mauvaise hôtellerie de Dieppe, sa première pensée c'est de parer de son mieux le taudis qu'elle doit habiter, ne serait-ce que vingt-quatre heures. Aussitôt toute cette chambre d'hôtellerie, naguère si triste et si misérable, se pare à peu de frais et comme par enchantement. Le propriétaire lui-même aurait peine à la reconnaître, tant sa chambre est propre, luisante, odorante, habitée. Ce qu'une femme du monde fait pour sa chambre d'auberge Mme Récamier le fait à coup sûr pour son salon d'auberge : à peine arrivée quelque part, elle installe sa conversation spirituelle, sa causerie amicale, ses révélations littéraires; on dirait que rien n'est changé pour elle, et qu'elle a transporté de si loin son salon de l'Abbaye-aux-Bois. M. Ballanche est posé dans son coin habituel comme un de ces vieux meubles si chéris dont on ne saurait se passer ; M. de Châteaubriand retrouve sa place accoutumée, la plus belle et la plus honorable ; Mme Récamier s'arrange de son mieux sur ce dur sopha de velours d'Utrecht, et elle se trouve aussi à l'aise que si elle était encore à demi couchée sur sa bergère, protégée par la *Corinne* de Gérard. En même temps accourent dans ce temple improvisé l'esprit, l'imagination, la grâce et le goût, quelle que soit leur patrie. C'en est fait, ils ont dressé leurs trois tentes, Moïse, Élie, et l'autre; et voilà leur fête de chaque jour qui recommence, même à Dieppe! Pendant que les Anglais bourdonnent autour du sanctuaire, le sanctuaire s'éclaire au dedans; *le livre* est précieusement tiré de sa cassette, moins riche et non moins précieuse que celle qui contenait les œuvres d'Homère; la lecture des *Mémoires de M. de Châteaubriand* recommence; grande et sainte lecture, sortie tout armée des souvenirs du poëte ! A mesure qu'une page nouvelle est ajoutée à cette histoire, qui sera la plus grande histoire de notre siècle, la page nouvelle est livrée à ces âmes d'élite, qui arrivent là des premières par le saint privilége de l'amitié et du dévouement. Ainsi, à Dieppe même, la lecture des *Mémoires de M. de Châteaubriand* a suivi son cours. C'est là une touchante manière de rester de grands seigneurs, n'est-ce pas ? c'est là un immense privilége que cette société à part a su se faire et se conserver dans cette ruine complète de tous les priviléges ! Or, depuis les premières lectures qu'il a faites de ses Mémoires, savez-vous que M. de Châteaubriand en est déjà arrivé à l'histoire des cent jours ? Le voilà à présent qui se mesure avec Bonaparte corps à corps ; le voilà qui reste le juge ébloui de ce juge terrible qui a si mal compris Châteaubriand. Solennelle époque de revers et de victoires, de défaites sanglantes et de *retours imprévus !* comme dit Bossuet. Alors toute l'Europe est en mouvement pour venir voir enfin quel est le secret impénétrable qui rendait la France invincible ; alors tous les principes si longtemps débattus, et que l'Empereur avait mis de côté comme un empêchement à sa marche, reviennent en lumière, et la première voix qui s'élève pour les proclamer c'est la voix de M. de Châteaubriand. Que cette voix fut puissante alors! et que la France fut émue et attentive quand elle entendit l'auteur des *Martyrs* lui parler pour la première fois des Bourbons et de la Charte, de la vieille famille de saint Louis et en même temps de la liberté, cette jeune conquête! Ce fut alors qu'on vit bien des deux parts ce que peut un seul homme dans la destinée des empires : d'un côté Bonaparte tout seul, revenant de l'exil aussi prompt que l'aigle qui vole de tour en tour jusqu'au sommet de Notre-Dame ; d'un autre côté M. de Châteaubriand tout seul, annonçant et expliquant aux peuples la maison de Bourbon qui va revenir. Mais comment se faire une idée d'une pareille histoire écrite par un pareil historien, même quand on a lu ces belles pages des *Martyrs* qui se terminent par ces mots solennels : *Les dieux s'en vont!*

Il y avait encore sur le rivage de la mer, ou dans la mer, plusieurs de nos contemporains qui se sont fait un nom dans les lettres ou dans les arts : M. Ampère, le fils de ce savant M. Ampère qui est plus savant que n'était M. Cuvier, c'est-à-dire qui est trop savant, M. Jules Ampère, un des fervents adorateurs de M. de Châteaubriand et de son génie ; il y avait encore ce jeune homme que tout Paris a reconnu être un orateur, M. l'abbé Lacordaire. Rien qu'à le voir se jeter hardiment dans la mer, vous reconnaissez tout de suite le disciple hardi et passionné de M. de Lamennais, bien que depuis longtemps M. l'abbé Lacordaire se soit persuadé qu'il avait abandonné son maître. Qu'on y fasse bien attention : avant peu, et surtout si la loi contre la presse est adoptée, toute la liberté de la parole et de la pensée va appartenir de plein droit à trois ou quatre de ces jeunes orateurs chrétiens qui, du haut de la chaire évangélique, parlent aux peuples avec tant de liberté et d'énergie. Il est bien difficile en effet que la censure, cette honte des nations constitutionnelles, puisse atteindre un homme ainsi placé au milieu d'une cathédrale, et parlant à haute voix à des milliers de personnes assemblées. Depuis surtout que la jeune Église, marchant malgré elle, et peut-être sans le savoir, sur les traces de M. de Lamennais, a fait rentrer l'Évangile dans les doctrines républicaines, cette parole chrétienne a dû prendre un grand ascendant sur l'esprit des peuples. M. l'abbé Lacordaire est sans contredit le premier de ces jeunes orateurs modernes dont la parole, suivant la belle expression de Saurin, doit produire sur les âmes l'effet de *torches ardentes jetées sur des gerbes de blé*. Ajoutez qu'il y a dans ces jeunes éloquences tous les genres de courage.

tous les genres de dévouement à leur cause, toutes les convictions profondes, et que s'il est quelqu'un en France encore prêt à mourir pour sa cause, prêt à tout supporter pour la défense de la vérité qu'il enseigne, s'il est un martyr tout prêt aujourd'hui, c'est ce chétif petit abbé que vous voyez là dans la mer, si grêle, si fatigué, si usé par le travail, si bon, si timide, si naïf et si doux.

Il ne faut pas que j'oublie un homme d'un grand esprit et d'un grand sens qui parlait fort bien de Platon et de chiens de chasse; railleur en dedans, et cependant bon homme, dont il eût été bien difficile de dire le nom et la profession, car il savait mille choses opposées : c'est l'élève chéri de M. Laromiguière, M. Valette, professeur de philosophie à la Sorbonne, dont je n'ai su le nom que plus tard.

Enfin, la veille de mon départ, j'aperçus sur le rivage un homme qui regardait la mer en grelottant. Il avait l'attitude du plus malheureux homme de ce monde, et son visage faisait peine à voir. Il avait l'air de se dire en regardant la mer : — Il faut donc que je me précipite dans cet abîme si froid et si salé! Or cet homme malheureux, cet infortuné si digne de pitié, c'était l'auteur de *Robert-le-Diable,* c'était Meyerbeer en personne, qui s'était échappé des mains de M. Véron et de M. Duponchel pour venir prendre en tremblant quelques bains de mer; étrange soulagement à la plus inquiétante, à la plus grave, à la plus triste des maladies, — la maladie qu'on n'a pas.

Vous voyez, mon ami, que malgré tous ses Anglais, Dieppe était habité noblement; sans compter qu'il y avait là aussi plusieurs de ces femmes de tant d'esprit et de tant de cœur que nous reconnaissons, nous autres, et tacitement, pour les Mécènes de la littérature moderne; car, il faut bien le dire, si notre monde littéraire vit encore, il ne vit plus guère que par les femmes. Grâces à Dieu, elles ont été élevées avec tant de soin qu'aujourd'hui ce sont des juges très-compétents dans toutes les matières littéraires. Aujourd'hui que tout homme vient au monde pour être essentiellement quelque chose de politique ou de financier, ce sont les femmes qui s'occupent, à la place des hommes, des belles-lettres et des beaux-arts. Les femmes lisent et jugent les livres, les femmes font et défont les renommées, les femmes défendent les lettres contre les hommes qui les attaquent. Le roi du monde littéraire aujourd'hui, c'est une femme. Si vous voyez Frédéric Soulié avant moi, car lui aussi je le crois quelque part dans la mer, dites-lui que j'ai vu sur le rivage de Dieppe, dans une riche chaise à porteur du temps de Louis XIV, une grande dame, qui porte un beau nom historique de ce temps-là, lire en pleurant le dernier ouvrage de l'auteur du *Vicomte de Beziers, le Conseiller d'état.* Je vous assure qu'en lisant cette touchante histoire si remplie de passion, d'intérêt et de charmants détails, la belle lectrice avait les yeux bien humides et le cœur bien ému; et certes il y a de la gloire à la faire pleurer celle-là, car elle est bien souffrante et bien triste et bien habituée à toutes les émotions douloureuses. Mais, vous-même, avez-vous lu *le Conseiller d'état?*

Voilà pour le personnel des bains de mer. Il faut y joindre encore le docteur Gaudet, dont je vous ai déjà parlé, qui est bien le meilleur des jeunes médecins; et aussi plusieurs jeunes gens qu'avait amenés là la fantaisie, cette reine des grands et des artistes : M. Flers, l'excellent paysagiste; le jeune, patient et grand coloriste Cabat, qui bientôt n'aura pas d'égal, et ce musicien norwégien que vous avez entendu à l'Opéra, qui s'appelle Olec B. Bull. C'est un merveilleux artiste. Il a trouvé encore une nouvelle manière de jouer du violon après tant de grands maîtres; son violon est tout un orchestre : il chante, il pleure, il a le délire, il est gai jusqu'à la folie, il est triste jusqu'à la mort. Ce Norwégien, qui a vingt-cinq ans, a donné un concert où pas un Anglais n'est venu. Nous l'avons donc écouté en famille, et des applaudissements sincères et mérités l'ont consolé de l'abandon des baigneurs, et de l'accompagnement plus que barbare de la société philharmonique de l'endroit.

Que vous dirai-je des environs de la ville que vous ne sachiez mieux que moi? Quels beaux paysages! quelles vallées profondes! quel doux ciel bleu et serein! Je suis allé à Warengeville et j'ai admiré ces admirables petits sentiers normands si étroits et si couverts. Nous cherchions le manoir d'Ango, et tout à coup nous sommes tombés devant une charmante petite maison en pierres de taille qui est évidemment une maison de la renaissance. Il est impossible de se figurer le calme et la paix de cet enclos. La maison est gracieusement posée au milieu d'un bouquet de gros arbres ; le petit jardin qui l'entoure était rempli de fleurs, fleurs naissantes et fleurs qui tombent, car la main qui les avait plantées avait oublié de les cueillir. Toute la maison avait un air de simplicité et d'élégance qui faisait plaisir à voir, et chacun des nouveaux venus de s'extasier devant le manoir d'Ango! Vous pensez ce que disaient à ce sujet les uns et les autres. Il n'y avait pas une de ces petites fenêtres où l'on ne crût voir apparaître le roi François Ier en personne. Ceux qui la savaient, et même ceux qui ne la savaient pas, racontaient à l'envi l'histoire de ce marchand qui, au 16° siècle, joua à peu près le rôle politique de M. Laffitte, et qui, après avoir été comme lui au pouvoir, finit par vendre comme lui sa maison et ses meubles à l'encan. Je ne sais pas combien de temps ces dissertations auraient duré; malheureusement une vieille servante sortit de la maison, suivie d'un chien aussi vieux qu'elle. L'un et l'autre furent bien étonnés de nous voir examiner avec tant d'attention cette maison dans laquelle ils sont nés l'un et l'autre. Cependant le chien n'aboya pas, et la bonne femme nous apprit, sans se moquer de nous, que ce n'était pas ici le manoir d'Ango, que c'était la maison d'une pauvre veuve, dont la fille unique était morte à dix-sept ans, il y avait un an à peine; que la maison ne contenait rien de curieux : en effet, quoi de plus commun qu'une mère qui pleure son enfant? et qu'enfin le manoir d'Ango était là-bas, derrière ces grands arbres, « en suivant ce sentier que vous voyez, « messieurs, et tout droit devant vous. »

Vous vous souvenez que notre ami Roger de Beauvoir, qui dessine comme il écrit, toujours en riant de ce rire sans méchanceté et sans envie qui lui va si bien, m'avait rapporté du manoir d'Ango un très-flamboyant dessin, où il avait fait de ce manoir la ruine la plus magnifique et la mieux conservée. Rien n'y manquait, ni les festons, ni les astragales, ni les écussons sur la pierre. Après cela fiez-vous aux dessins de vos amis! il n'y a plus de ce vieux château ruiné que six fenêtres, qu'on dirait taillées dans la pierre, et qui seraient d'un assez grand effet autre part ; l'escalier tournant, s'il pouvait être emporté à Paris, ferait le plus superbe des escaliers dérobés ; quant à la grande salle, qui fut probablement la salle du festin, elle était remplie du plus magnifique blé doré et de la meilleure avoine qui se puisse manger ; je ne sais pas si de votre temps les deux cheminées de cette salle étaient brisées comme elles le sont aujourd'hui, mais aujourd'hui il est impossible d'en rien voir ; en un mot, il n'y a de beau au manoir de Warengeville que les riches setiers de blé et d'avoine. Je n'en ferai pas moins encadrer avec le plus grand soin le très-exact dessin de Roger de Beauvoir.

Quant à la complainte que vous aviez faite sur les anciens propriétaires de ce château, et que vous aviez écrite avec un crayon sur le mur, préparez votre âme ! Je dois vous avouer que je l'ai trouvée complétement effacée par l'ignoble charbon de quelque petit descendant d'Ango qui garde les vaches. Un chef-d'œuvre comme cette chanson être effacé, à peine inscrit sur les murailles! O vanité des chefs-d'œuvre des hommes! Ce qui doit vous consoler quelque peu, mon cher poëte, c'est la vue même de ce château, où fut reçu le plus brillant roi de l'Europe, et dans lequel le dernier gendarme ne voudrait pas coucher. Votre chanson aussi a passé, il est vrai, mais le manoir d'Ango est en ruines. Que ces deux grands débris se consolent entre eux, d'autant plus que, s'il y a encore six fenêtres du vieux manoir, il y a encore trois vers de votre chanson sur les murs. En effet, on y lit encore très-clairement le refrain :

> Et qui fut fait : oh! oh!
> Comte d'Ango!

Et à propos de ces ruines, qui ne sont même plus des ruines et qui ressemblent si fort à ce quelque chose qui n'a plus de nom dans aucune langue, dont parle Tertullien; à propos de ce manoir, qui est aujourd'hui une opulente ferme de la Normandie, rien de plus, mais aussi rien de moins, ne serait-il pas temps, je vous prie, de bien définir une fois pour toutes ce qu'on entend par ce mot si solennel, devenu si trivial aujourd'hui, *les ruines*? Un morceau de pierre échappé à la destruction, une fenêtre en ogive, un pignon du vieux bon temps peuvent-ils, de bonne foi, constituer ce qu'on appelle *une ruine*? En ce cas, comment donc appellerez-vous la plus grande partie des cathédrales et des vieux châteaux de la France? comment appellerez-vous le château de Mesnières, dont les vieilles dalles conservent encore l'empreinte du pied de fer de Henri IV et du petit pied de Gabrielle? Il est temps enfin, puisque les ruines sont à la mode, qu'on définisse ce que c'est qu'*une ruine*. Cette idée-là m'est venue en voyant à Warengeville, sur la figure rusée d'un paysan normand, un sourire goguenard qui était passablement humiliant pour nous.

— Venez voir, nous dit cet homme, ce qu'il y a de plus curieux à voir ici. — Et du même pas il nous montra une machine à battre le blé qui fait l'ouvrage de vingt hommes, et qui sépare le grain de la paille sans briser la paille. Ce paysan normand avait raison : cette machine à battre le blé est en effet ce qu'il y a de plus curieux à voir dans le manoir d'Ango, puisque aussi bien c'est une ferme, et non plus le manoir d'Ango.

Appellerez-vous aussi *une ruine* le château d'Arques? peut-on donner le nom de *ruine* à un énorme monceau de pierres sans forme, qu'on dirait amoncelées en ce lieu par un vent d'orage? Bien certainement on ne peut pas dire que ce soient là des ruines : un amas de pierres ne constitue pas une ruine, pas plus qu'un corps rongé par les vers ne constitue un cadavre. Mais la belle vallée que cette vallée d'Arques! mais quel bonheur de naviguer sur ce joli petit ruisseau d'eau douce, mollement poussé par le vent qui enfle votre voile (je devrais dire *vos* voiles, pour faire une figure de rhétorique)! comme peu à peu l'horizon s'agrandit devant vous! Enfin, s'il n'y a pas de ruines dans ces plaines, il y a quelque chose qui vaut mieux que des ruines, et qui ne tombe pas sous le souffle du temps : il y a des souvenirs, il y a les souvenirs de Henri IV, il y a son panache blanc qui flotte encore au-dessus des murs renversés, il y a sa lettre à Crillon, qui est écrite partout en ces lieux bien plus solidement que la plus belle chanson du monde sur les murailles des manoirs. Cette vallée d'Arques est un des plus beaux lieux de ce monde : le château, ou plutôt ce qui fut le château, domine toute la vallée, et de ce lieu la vue est vraiment merveilleuse. Ce qui gâte un peu ce beau spectacle c'est le grossier gardien de ces ruines : à peine êtes-vous entré que le gardien referme sur vous la porte à triple verrou; vous êtes son prisonnier jusqu'à ce que vous ayez payé le prix d'entrée, un franc par personne, comme au

Diorama. Mais la vallée d'Arques est un diorama qui appartient à tout le monde, et le monsieur qui a acheté ce monceau de pierres, et qui s'appelle monsieur Larchevêque, devrait bien ne pas prendre par surprise le voyageur, et mettre un écriteau à la porte de son spectacle annonçant le prix d'entrée. On n'entrerait pas, et l'on verrait la vallée d'Arques tout aussi bien.

Qui l'eût dit à Henri IV, que ce même château d'Arques dont la prise le rendait si heureux et si fier, ce château où il a couché le lendemain de sa victoire, entouré de cette petite armée de bons compagnons qui, les jours de bataille, le serrait à l'étouffer; qui lui eût dit qu'un jour le château d'Arques serait vendu cent écus à M. Larchevêque, et que M. Larchevêque le montrerait aux étrangers pour de l'argent!

Pourquoi pas? on avait bien mis en vente, il y a trois ans, au prix de six cents livres, la

Quiquengrogne, le berceau de la maison de Bourbon!

Tout au rebours de cette informe citadelle, l'église d'Arques est un monument bien entretenu et bien conservé; ces pierres ont été respectées et protégées contre les injures du temps et des révolutions; on voit que c'est une église où l'on prie encore. La prière c'est la vie de l'église. Sur un des vieux bancs sculptés qui sont placés dans le chœur j'ai trouvé un gros livre d'Heures, et dans ce gros livre d'Heures savez-vous ce qui était renfermé? plusieurs pages détachées de l'*Énéide* de Virgile! Innocente et poétique distraction de quelque honnête catholique romain, qui a trouvé ainsi le moyen de rendre moins longues les heures de l'office; singulière capitulation de conscience de quelque bon vieillard, qui veut bien venir prier à l'église, mais à condition qu'il pourra avoir, même à l'église, ses distractions poétiques. Peut-être quelques esprits sévères trouveront-ils que le quatrième livre de l'*Énéide* est peu à sa place entre le *Dies iræ* et le *Stabat mater;* mais cependant, avouez qu'on aimerait à avoir pour ami et pour voisin un homme qui, dans un vallon retiré de la Normandie, sait réunir ainsi la sainte prière et la poésie profane, Virgile au roi David; un homme qui sait retrouver le mouvement et le rhythme de l'alexandrin même au milieu du plain-chant des grandes fêtes. Le croiriez-vous? ces vers de Virgile, trouvés à l'improviste dans une église de village au milieu d'un livre d'église, donnent à cette église un intérêt de plus.

Quand donc, à Dieppe, on a vu tout ce qu'il faut voir, la mer, les églises, les vallées, les charmants petits sentiers à travers les fermes, le phare à Warengeville, la maison d'Ango, et l'ancienne conquête de Henri-le-Grand, qui est aujourd'hui la propriété de M. Larchevêque, quand on a pris assez de bains de mer pour se rendre très-malade, on s'en va sans trop de regrets et d'ennuis. On prend alors tout naturellement la route du château d'Eu, qui est un beau sentier à travers de riches campagnes. Après quelques heures de marche on arrive enfin dans cette ville presque féodale, tant elle appartient corps et âme au propriétaires du château d'Eu. Le château d'Eu ! Neuf grands siècles sont représentés dans ces murs, hors de ces murs, à travers ce grand parc dont les sombres allées aboutissent à l'un des plus beaux points de vue qui soient en ce monde. Vous marchez longtemps dans une forêt de grands arbres géants dignes de la forêt de Fontainebleau ; vous foulez aux pieds un gazon printanier aussi doux que la mousse. Tout à coup vous voyez la mer qui se mêle aux transparentes vapeurs du ciel ; à votre gauche s'élèvent de hautes montagnes : au pied de ces montagnes chargées d'arbres une ville est bâtie ; auprès de la ville un port est ouvert. La lumière éclate de toutes parts ; elle remplit tout le paysage de ses éclats soudains ; puis, à gauche, en descendant, vous

entrez dans un jardin anglais qui a poussé là
on ne sait comment. Alors au grand bruit et
au grand éclat de la mer succèdent l'ombre
des arbustes et le murmure des frais ruisseaux. Vous décrirai-je ensuite cette maison
de briques? Autant vaudrait décrire le Musée
du Louvre: du haut en bas de ce château, sur
chaque porte, sur chaque muraille, dans les
escaliers, sur les plafonds, à vos pieds, sur vos
têtes, autour de vous, vous voyez des figures et
des personnages historiques; tous les âges, tous
les temps, tous les malheurs, toutes les gloires,
tous les revers sont représentés dans ces murailles et sur ces murailles. Rappelez-vous que
ce château d'Eu a été fondé au commencement
du 11e siècle, et que depuis ce temps il a toujours passé de mains en mains à de hauts
barons, à d'heureux soldats, à d'illustres princesses, et que tout ce monde, emporté par la
mort, barons, soldats, princesses, rois et rei-
nes, a laissé là son visage et son portrait en
souvenir de son passage sur cette terre et de

ses grandeurs évanouies. Jamais, que je sache, on n'a porté plus loin le respect pour les générations éteintes. En vain ce château a subi les ravages de 93 ; en vain a-t-il été dévasté, ravagé, pillé, ruiné : une main toute-puissante a relevé ce qui était tombé, a réparé ce qui était ravagé, a retrouvé ce qui était volé. Il a fallu une volonté bien entière et bien ferme pour tirer ainsi une seconde fois de néant ces anciens comtes d'Eu morts depuis si longtemps, et si souvent arrachés de leurs tombeaux de marbre ou de leurs cadres d'or.

Et pourtant, si vous le voulez bien, je puis vous la raconter en détail cette noble maison féodale, certes rare et curieux monument des temps antiques. D'ailleurs l'époque où je la visitai est une époque si solennelle que je conserve tous les détails de cette visite. Écoutez donc.

Le 29 juillet 1836, il me semble que c'était hier, j'étais donc de grand matin sur la route du château d'Eu. C'est une vieille cité normande s'il en fut, et sur laquelle on peut compter déjà huit grands siècles, qui tous y ont laissé leur empreinte. Pour arriver de Dieppe à la ville d'Eu la route est belle : partout des moissons qui se balancent au souffle léger du vent, partout des ruines que le temps disperse chaque jour comme une vaine poussière, partout la mer qu'on voit reluire au soleil ou qu'on entend gronder au loin. La journée était aussi belle que la route, et les chevaux allaient au galop; si bien qu'à huit heures du matin je pouvais admirer la vieille église bâtie par Guillaume, le premier comte d'Eu, puis rebâtie par Henri en 1130. Là vous reconnaîtrez facilement l'architecture du 12º et du 13º siècles : l'église est petite, étroite, élégante au dehors. On a fait pour les caveaux de l'intérieur ce qu'on a fait pour les caveaux de Saint-Denis: les ossements des morts qui reposaient dans cette enceinte, attendant la résurrection éternelle, ont été dispersés par l'orage révolutionnaire; mais au moins les noms des morts ont été rétablis sur des tombes toutes nouvelles. Ce n'est pas la seule génération de princes et de guerriers qui ait été enterrée deux fois.

Dans cette église, comme vous pouvez le lire sur la pierre, reposent les corps de :
« Monsieur Jehan d'Artois, comte d'Eu, et
« de Madame Jeane de Valois, sa fâme, fille
« de Monsieur Charles de Valois, fils du roi de
« France et père du roi Philippe et de Ma-
« dame Katerine, qui fut empereur de Con-
« stantinople. — *Priez pour eux!* — 1339. »

« Cy-gist aussi très noble et puissante dame,
« Madame Isabelle de Melun, jadis fâme de très
« haut et puissant seigneur, Monsieur Pierre,
« comte de Dreux, et depuis fâme de Mon-
« sieur Jehan d'Artois. — 1389. — *Priez pour*
« *elle!* »

« Cy-gist encore Monsieur Philippe d'Ar-
« tois, comte d'Eu, connétable de France,
« lequel trépassa en la ville de Micalitz,

« en Turquie, le 16ᵉ jour de juing, l'an de
« grâce 1397. — *Priez Dieu pour l'âme de lui.*
« *Amen.* »

Toute la vieille église d'Eu est ainsi parsemée de vieux souvenirs, auxquels on a rendu récemment de nouveaux honneurs funèbres. Là ont reposé dans leurs tombeaux de pierre Charles d'Artois, que vous voyez encore dans son habit de pair (1471), couché à côté de sa femme sur une table de marbre noir; là repose, à côté de son mari, Mᵐᵉ Jehanne de Saveuse (1440); là vous retrouvez dans toute leur simplicité primitive les statues de Catherine de Clèves et de M. le prince de Dombes; là vous lisez sur une colonne funéraire le nom du duc de Penthièvre, *Deo, Regi, pauperibusque carissimus.* Toute une histoire est enfouie dans les lugubres caveaux de cette petite église, où le voyageur est étonné de retrouver ensevelis tant de grands noms.

Mais aujourd'hui, que nous importent les tombeaux? Quel est le tombeau qui renferme les os du héros dont il porte le nom? Vaines et froides sépultures reblanchies d'hier, qui semblent accuser encore plus les profanations de nos pères qu'elles n'attestent nos repentirs tardifs ! Aujourd'hui les tombeaux violés ont perdu leur majesté sainte; nous ne savons plus comment on rend hommage aux morts; trop heureux encore quand nous nous retrouvons dans le cœur quelque respect pour les tombes qu'on n'a pas violées et pour les ruines qu'on a réparées ! C'est que, savez-vous? on répare une ruine, mais on ne refait pas une tombe; nous pouvons bien dire aux vieilles pierres : *Relevez-vous!* mais dire aux ossements épars : *Rentrez dans le cercueil!* il n'y a qu'une voix qui puisse le dire, c'est la voix qui nous parlera à tous dans la vallée de Josaphat. Laissons donc ces tombes réparées, quittons ces bières vides et dévastées; nous avons assez vu le vieux cimetière, qui ne peut que remplacer les nobles morts d'il y a huit cents ans par les morts vulgaires d'aujourd'hui et des jours suivants ; laissons l'église pour le château, quittons les morts pour les vivants ; entrons dans le vieux parc, qui est toujours jeune ; marchons sous ces vieux arbres plantés par les Guise, et auxquels le dernier printemps vient de rendre leur couronne de verdure plus belle et plus fraîche que jamais ; quittons les ossements des hommes de la maison d'Artois, de Penthièvre et d'Orléans pour ces eaux qui murmurent toujours, pour ces gazons qui naissent toujours, pour ces arbres qui grandissent toujours. Entrons ; la maison est hospitalière ; c'est une de ces maisons dont on peut dire : *Frappez, et l'on vous ouvrira.* En effet la porte est ouverte. Point de grande cour d'honneur, point de cérémonie royale ; à votre premier pas vous êtes dans le parc. C'est un noble et bel endroit ce grand parc : tout est silence, tout est verdure, tout est fraîcheur ; c'est là que l'ombre est épaisse, c'est là que le gazon est touffu ! Ne dirait-on pas que le printemps vient de naître, et que sa robe de verdure en est encore à ses premiers jours? Marchons lentement, s'il vous plaît, car ces longues avenues peuvent finir; avançons lentement, et à chaque pas reposons-nous, car c'est là un coin de terre que nous foulons pour la première et peut-être pour la dernière fois. Ainsi nous avançons pas à pas, lentement, heureusement, dans cette admirable avenue où se sont promenées tant de grandeurs. A notre gauche, un mur de verdure; à notre droite, des abîmes de verdure, des prés sans fin qui se perdent sous des ombrages sans fin; et, tout au bout de l'avenue, entendez-vous là-bas ce bruit immense? voyez-vous là-bas ce mouvant nuage bleu qui s'élève de la terre pour se mêler aux nuages du ciel? voyez-vous le soleil qui se joue à travers ces deux abîmes, la mer et le ciel? et tout au loin ce vaste port, cette ville qui l'entourent, ces hautes montagnes moins hautes que la mer? voyez-vous tout ce grand spectacle, et, je vous prie, en avez-vous jamais vu un plus beau?

Ces plaines, ces vallons, ces forêts, ce rivage de la mer, tout cela est encore debout comme aux premiers jours de la création; le paysage n'a pas changé depuis Jules César. Donc contemplez ce paysage comme vous avez contemplé la vieille église, l'église qui ne peut pas revivre, le paysage qui ne peut pas mourir. Puis, quand vous aurez assez vu la mer, tournez à gauche dans le parc, descendez par ces étroits sentiers de verdure : vous étiez tout à l'heure dans le vieux parc, vous entrez à présent dans le parc moderne; vous vous promeniez dans le vieux jardin français arrangé par Mlle de Montpensier sur les dessins de Lenôtre, vous allez vous perdre à présent dans les ténébreuses et modernes clartés du jardin anglais. Maintenant, au fond du parc, les grands vieux arbres disparaissent pour faire place aux jeunes arbustes; vous ne voyez plus et vous n'entendez plus la mer, mais en revanche vous vous promenez sur les bords de jolis petits ruisseaux fleuris qui murmurent doucement à vos pieds ; plus loin, au milieu d'un étang, voyez nager ce cygne féroce entouré de sa famille : c'est le seul animal redoutable de cette maison, où vous n'entendez pas un chien aboyer dans la cour, où vous ne voyez pas un fusil reluire au soleil. Ainsi ce grand parc se divise en deux parties bien distinctes : là-haut les grands arbres, et les majestueuses allées, et la vue magnifique de la mer ; là-bas les sentiers tortueux, les ruisseaux limpides, le lac transparent, le grand silence. Là-haut se promenaient les vieux comtes dans leur majesté presque royale, qui ne les quittait jamais ; ici se promènent les rois-citoyens dans tout le laisser-aller de leur majesté populaire. Mais où sont les maîtres de ces beaux lieux ? et comment les reconnaître ? et à quels insignes ? Comme ainsi je pensais, j'aperçus sur le bord du ruisseau, à demi cachés par les saules du rivage, et dans une grande barque, quatre à cinq jolis enfants blonds et rieurs.

Ils avaient mis habit bas, et ils se livraient à leurs jeux avec tout l'abandon du jeune âge. — Bon, me dis-je à moi-même, le premier de ces jeunes enfants qui me rendra mon salut sera prince royal. — Et en effet je vis bientôt que je ne m'étais pas trompé; seulement ils étaient deux, car il y en eut deux qui me rendirent mon salut avec le plus charmant sourire; quant à leurs compagnons, voyant un homme mal vêtu d'une blouse, et qui tenait à la main un mauvais chapeau de paille, ils m'honorèrent à peine d'un coup d'œil.

Enfin, et tout d'un coup, après ces mille détours vous retrouvez le château à l'instant même où vous vous croyiez bien loin. C'est bien là ce même château que M. de Lauzun a *trouvé joli avec un air de grandeur*. Il fut bâti en l'an 902 par Rollon, son premier fondateur. Ce fut d'abord une place forte merveilleusement située sur l'extrême limite de la Normandie, près de la mer; ce n'est plus depuis longtemps qu'une admirable maison bourgeoise, dans laquelle vous retrouverez réunis sans confusion toutes les époques, tous les styles et tous les siècles. Cela est si rare de nos jours, un vieux château entouré de respect! cela est si rare de nos jours, de vieilles pierres protégées contre la faux du temps! Toutes les ruines, et les plus belles, s'effacent peu à peu de notre vieille France, qui les a tant mutilées. J'ai vu en Normandie le château de Mesnières, qui attendait la bande noire, et qui sera vendu, c'est-à-dire abattu, demain; j'ai vu les restes du manoir d'Ango à Warengeville; on a fait une grange de la vaste salle où le roi François Ier n'a pas été foulé aux pieds par Ango, son serviteur et son sujet. Donc honorons ceux qui honorent les ruines; offrons mille actions de grâce à ceux qui rendent leur vieille splendeur aux monuments renversés; et, puisque voilà le château d'Eu qui nous est ouvert et qui renaît pour nous comme il était au 17e siècle, donnons au maître de ces nobles demeures, si habilement et si royalement rétablies, tous les éloges qui lui sont dus.

Au dehors la maison est toute en briques; elle est toute chargée de vieux chiffres et de vieilles devises; à gauche elle est adossée à l'église, monument gothique; à droite elle s'appuie sur une fabrique de biscuits de mer et sur une vaste scierie de planches, établissements tout modernes. Vous avez vu le vieux parc commencer à l'église; vous voyez le parc moderne aboutir aux établissements industriels. 1130 et 1830 sont ainsi en présence aux deux extrémités du château; le château s'élève fièrement au milieu de ces neuf siècles, renfermant ainsi dans sa vaste enceinte tous les temps, tous les âges, toutes les croyances, tous les personnages divers de tant de familles qui ont planté au sommet de ces tours, si souvent détruites et si souvent rebâties, leur bannière, leur écusson, leur cri de guerre et leur drapeau.

Je sais qu'en général toute description est

aussi difficile à lire qu'elle est difficile à faire ; la description écrase et tue. Comment dire en plusieurs pages ce que vous avez vu d'un coup d'œil ? d'autant plus que rien ne ressemble à un beau parc comme un beau parc, à un vieux château comme un vieux château ; mais ici, au château d'Eu, heureusement pour vous et pour moi chaque muraille, chaque plafond porte son nom, sa date, son héros et son histoire. Ce n'est plus là un de ces vieux manoirs inhabités où le souvenir a tout à faire ; c'est une vaste demeure habitée en effet, en même temps et à la fois, par tous ses anciens maîtres, qui y respirent armés de pied en cap, celui-ci dans son armure de fer, cet autre sous sa cape de moine, celle-ci reine sur son trône, celle-là grande dame couronnée de fleurs. Depuis neuf siècles que ces demeures sont fondées, pas un homme n'a touché ce seuil de son pied de fer, pas une dame n'a effleuré ces dalles blanches de son pied de satin, qu'on ne trouve là-haut son portrait dans ses habits d'autrefois, avec sa physionomie d'autrefois, avec la date de sa naissance et de sa mort.

Et maintenant figurez-vous ce vaste musée composé de tous les personnages qui ont vécu ici, qui ont commandé ici, qui ont souffert ici, qui ont aimé ici! là ils vivent encore, ils respirent encore, ils commandent, ils souffrent, ils aiment encore. La nuit, quand la lune est sombre et voilée, quand la mer est noire et soulevée, ils descendent tous de leurs cadres dorés, incrustés dans la boiserie, et ils se promènent solennellement dans ces longues galeries sous lesquelles leurs pas ont retenti depuis tant de siècles. Jugez s'ils doivent être étonnés de se voir entre eux, ainsi tous ensemble, sous ces toits dorés et chargés de peintures, puisque nous-mêmes, nous qui tenons dans nos faibles mains le fil sacré de l'histoire, nous sommes saisis d'un certain effroi en les voyant réunis, ces hauts barons et ces grandes dames, et ces saints prélats, et ces joyeux pages, et ces belles damoiselles, cœurs

...

d'acier et cœurs de femmes. Quel étrange pêle-mêle, grand Dieu! et que ce doit être en ce lieu une singulière nuit de Noël quand tous ces morts s'animent de nouveau pour une heure! Le duc Rollon descend le premier de son cadre, où je l'ai vu sombre et sévère; et alors, en parcourant les salles magnifiques, en foulant les parquets somptueux, il se demande : — Qu'a-t-on fait de mon toit de chêne? qu'a-t-on fait de ma vaste cheminée? et pourquoi les dalles de pierre de ma citadelle normande ne résonnent-elles plus sous les éperons de mes chevaliers? — Ainsi dit Rollon, ainsi Guillaume, ainsi Robert; ainsi disent tous les anciens comtes d'Eu que vous voyez là-haut, fixés sur la muraille et regardant d'un œil farouche les frêles et rieuses beautés de la Régence. Le comte Robert cherche en vain la salle où mourut Béatrix, son épouse bien-aimée : cette chambre de deuil est devenue une chambre nuptiale ; Béatrix s'appelle Louise, Guillaume, aux yeux crevés, cherche en vain à se reconnaître dans cette vaste galerie, autrefois remplie d'hommes d'armes et qui ne sert plus aujourd'hui qu'à recevoir les convives d'alentour. En même temps saint Laurent, archevêque de Dublin, poussé par un pieux désir, se fait ouvrir la chapelle : en entrant il baisse la tête, et il est tout étonné à la vue de cette étroite enceinte si parée. Écoutez ! Ne voyez-vous pas ces deux jeunes gens qui entrent doucement dans le petit salon d'en bas? C'est la belle Alice qui s'appuie modestement sur Raoul de Lusignan, son bel époux. Lusignan meurt en Palestine; Alice, comtesse d'Eu, lui élève un tombeau dans la vieille église dont vous voyez le clocher là-bas, à Tréport. Découvrez-vous, et voyez-les tous passer ainsi, l'un après l'autre, les maîtres de ce château qui renferme leur image : Marie de Lusignan, épouse de Jean de Brienne, empereur de Constantinople; Bérangère de Castille, sœur de la reine Blanche; jusqu'à ce qu'enfin vienne une nouvelle race qui s'empare de cette belle comté : Jean d'Artois, Isabelle de Melun, Hélène, vicomtesse de Thouars. Sur cette même place où la mer, domptée par la mécanique, fait mouvoir la scie qui fend les arbres, le comte de Thouars fut tué dans un tournois, le jour de ses noces; là aussi Isabelle d'Artois est morte à seize ans; Isabelle, c'est la jeune fille que vous voyez assise non loin de Philippe d'Artois son frère, Philippe, le compagnon de Boucicaut et de Jean de Bourbon. C'est ce même comte d'Eu qui est mort en Palestine, « dont ses compagnons duement furent do« lens et moult le plaignirent; et le plaindre « fallait, car de grande vaillance et de bonté « estait. Si ensevelirent le corps le plus ho« norablement qu'ils purent, et après fut « porté en France. »

Mais ceci est toute une histoire. A chaque pas que vous faites dans le château d'Eu vous êtes arrêté ainsi par une figure historique; et cette figure, si vous savez la regarder, porte souvent toute son histoire écrite sur ses traits. Rois d'Angleterre, rois de France, ducs de Normandie, ducs de Bourgogne, ils ont tous passé dans ces murs, vainqueurs et vaincus tour à tour. Là aussi elle a dormi une nuit Jeanne d'Arc, la vaillante fille, quand les Anglais l'emmenèrent à Rouen pour la brûler; et en preuve son portrait est suspendu à la muraille, noble portrait plébéien au milieu de tant de nobles personnages qui sont fiers de lui ouvrir leurs rangs !

Louis XI aussi, le terrible sire, il a envoyé par là sa justice : il a fait brûler toute la ville ; maisons, château, édifices, tout brûla, excepté les cinq églises et l'hôpital. A ces causes aussi on a donné droit de bourgeoisie au roi Louis XI dans les murailles du château d'Eu.

François Ier, le roi chevalier, le roi poëte, le roi de Bayard, y est venu un jour, à la prière de Marie d'Albret, comtesse d'Eu. Le Roi menait avec lui la Reine, François, duc de Vendôme, Marguerite de Bourbon et beaucoup d'autres seigneurs. Ceci soit dit pour donner occasion aux dramaturges de nous montrér un jour François Ier foulé aux pieds par les domestiques du château d'Eu.

A présent que nous avons parcouru tous les appartements du rez-de-chaussée, voulez-vous que nous montions au premier étage? Ouvrez en tremblant ce vaste salon : c'est le salon des Guise. Voici Henri de Lorraine, duc de Guise, vingt-quatrième comte d'Eu par Catherine de Clèves; près de lui Anne d'Eu, sa mère, et Catherine de Médicis, qui fut sa reine. Les Guise, c'est toute une nouvelle histoire qui commence, une histoire de sang, de trahison et de vengeance, une histoire qui s'ouvre par un meurtre et qui s'achève par un meurtre. Aussi est-ce chose triste et solennelle à voir, cette salle où tous les Guise sont réunis.

Vient alors Henri IV, dont le blanc panache a recouvert de sa gloire toutes ces traces de sang. Henri IV fit au château de la ville d'Eu le plus grand houneur qu'il pût lui faire : il lui fit l'honneur de l'assiéger. Il partit du château pour aller se battre dans cette étroite, charmante et glorieuse vallée d'Arques *où le brave Crillon n'était pas.*

Mais c'est surtout à Mlle de Montpensier que commence la gloire du château d'Eu. Cette fois le château d'Eu change encore de propriétaire : de la maison de Guise il passe à la maison d'Orléans, à laquelle il est revenu après avoir appartenu aux fils naturels de Louis XIV. Le souvenir de la petite-fille de Henri-le-Grand est partout dans ces murs ; c'est là qu'elle a été la plus malheureuse et la plus passionnée des femmes; c'est là qu'elle a écrit les touchants Mémoires de sa vie quand, accablée sous le poids de ses inutiles grandeurs, elle attendait sous ces beaux ombrages l'ingrat Lauzun qu'elle avait tant aimé, et qui ne venait pas. A Mlle d'Orléans commence le grand siècle pour le château d'Eu. C'en est fait, les armures disparaissent pour faire place à la dentelle et au velours ; toute une génération nouvelle remplace les vieilles générations descendues au cercueil. La main de MADEMOISELLE se fait sentir encore aujourd'hui dans ces jardins qu'elle a agrandis, dans ce pavillon qu'elle a élevé, dans ce palais qu'elle a augmenté ; c'est elle qui vraiment a fondé cette maison nouvelle, si habilement réparée par son petit-neveu. Femme à plaindre s'il en fut! Destinée à tous les rois de l'Europe, et ne pouvant appartenir à un officier de fortune; amoureuse à quarante ans d'un jeune fat qui la méprise; donnant tous ses biens au fils de Mme de Montespan pour racheter la liberté de M. de Lauzun; puis mourant dans une résignation toute chrétienne, en pardonnant de loin à celui qu'elle avait tant aimé : voilà l'histoire de cette noble dame. Or, comme il est vrai qu'une passion véritable vivra plus longtemps dans le souvenir des hommes que les plus beaux faits d'armes, le nom de MADEMOISELLE est le premier nom qui vous vienne en mémoire quand vous entrez dans cette maison, dans ces jardins, dans ces vastes galeries remplies de tant de grands noms et de tant de glorieux souvenirs.

Que vous dirai-je? comment vous raconter l'un après l'autre ces neuf siècles de combats et de gloire, d'ambition et de vengeance, d'amour et d'esprit, qui sont représentés sur ces murailles? Tous ces siècles disparaissent l'un après l'autre, et se remplacent l'un par l'autre comme un homme remplace un homme. Déjà Louis XIV disparaît, puis le duc du Maine, son fils bien-aimé, le fils de son cœur et de son adoption. Alors commence la Régence; alors toutes ces belles femmes se parent de guirlandes de fleurs : l'esprit, les grâces, le scepticisme, la raillerie innocente, le beau langage, les beaux vêtements remplacent le courage, l'héroïsme, le sang-froid, le fanatisme, les rudes habits. Comme toutes ces têtes sont belles et riantes ! quel éclat! que de grâce! quelle fraîcheur! Hélas! hélas! le sourire est sur toutes les lèvres, l'espérance est sur tous les visages ; tous les cœurs sont tranquilles, tous les fronts sont sereins. Dites-moi, s'il vous plaît, qui règne là-bas sous ces ombrages frais, dans ces riantes campagnes, sur ces heureux hameaux : c'est la vertu sous les traits du duc de Penthièvre, trente-troisième et dernier comte d'Eu.

Arrêtons-nous ici, car bientôt toutes ces têtes vont disparaître sous la hache tranchante des révolutions. Grands noms, valeur, beauté, vertu, génie, rien ne vous sauvera, vous, les maîtres de la société française. Que de têtes sont tombées sur l'échafaud ! Parmi toutes ces belles têtes, contemplez la plus belle, la plus jeune, la plus charmante de toutes, Louise de Lamballe : son père, le duc de Penthièvre, meurt d'épouvante ; et sa fille, l'enfant de son adoption, qui pourrait dire, qui oserait dire comment elle est morte ?

Illustre maison, si remplie de grandeurs évanouies! Quelle puissance l'a arrachée à tant de ruines ? quelle main a balayé tous ces décombres ? comment ont-elles pu se relever encore une fois de tant de révolutions et de tant d'orages ces nobles pierres brisées et dispersées au loin ? comment chacune de ces générations, tant de fois anéanties, a-t-elle retrouvé sa place dans ces tombeaux et sur ces murailles ? comment se fait-il qu'on revoie encore ces écussons debout, ces héros, ces femmes, ces neuf siècles debout encore, dans le château debout encore ? C'est là un de ces miracles de la patience, du courage et de la volonté, qu'on ne saurait ni comprendre ni trop admirer. Vingt propriétaires comme le propriétaire actuel du château d'Eu, et la vieille France serait encore sous nos yeux dans ce qu'elle avait de grandeur, de génie, d'éclat et de majesté.

Ce n'est pas que, même au château d'Eu, tout soit complet encore. Il est vrai que rien ne manque ni aux murailles, ni aux plafonds, ni sur les murs : tout cela est doré, tout cela est peint, tout cela est éclatant et riche, ingénieux et plein de goût, et jamais on ne dirait, à tout voir, que le propriétaire est à soixante lieues de sa maison, occupé à régner; mais, à dire vrai, le château ne sera complet que lorsqu'on aura rendu à chacun de ces siècles les meubles qui lui sont propres. De grâce, achevez cette œuvre si bien commencée. Préservez-nous de l'anachronisme, ce fléau des grands monuments; laissez à chaque siècle sa physionomie et son caractère particulier; par exemple, faites qu'on rende au vieux Rollon ses ameublements en bois de chêne, ses lourdes sculptures et ses massives armures; que le roi François Ier amène avec lui ses ciselures élégantes, son argenterie sans prix, ses riches sculptures et ses beaux velours; Louis XIV aura pour lui les meubles de Boule aux incrustations magnifiques; quant au Régent et à Louis XV, ces heureux de la terre, ils auront en partage les tapisseries des Gobelins, les peintures de Watteau, les broderies inépuisables, les dorures sans fin, les admirables colifichets si pleins de grâce, d'esprit et de mauvais goût. Quant au simple ameublement de notre époque, bronze, acajou, soieries, étoffes de Perse, toute la commode simplicité bourgeoise de ce temps-ci, on les réservera pour la nouvelle salle du château d'Eu, où nous avons retrouvé tant de jeunes et frais portraits de la génération actuelle. Ainsi chaque siècle aura au château d'Eu ses vêtements, son lit, son fauteuil, sa mode gothique ou moderne; ainsi le château d'Eu sera en France la représentation la plus complète, la plus élégante et la plus riche des temps qui ne sont plus.

Vous comprenez qu'en une seule matinée il m'a été impossible de tout voir dans le château; mille détails m'ont échappé dans ces cent mille détails. J'ai vu pourtant toutes les constructions nouvelles: les cuisines, qui sont immenses, les nouvelles galeries destinées à une hospitalité royale, les écuries, qu'on bâtit encore ; figurez-vous tout un palais bâti sous le palais primitif. Cependant toute la maison avait un air de fête ; on allait, on venait, on se ruait en mille préparatifs : c'est que le maître de la maison était attendu dans trois jours, lui, sa femme et ses enfants, le reste de ses enfants; c'est qu'aussi bien c'était jour de fête ce jour-là, et qu'il y avait au château d'Eu des enfants qui voulaient la célébrer.

Mais, comme je descendais lentement le grand escalier qui conduit du siècle de Rollon au siècle de Louis XIV, un courrier arrivait de Paris à toute bride dans la cour : il apportait l'horrible nouvelle ; et le mot assassinat, ce mot qui n'est pas un mot français, retentissait déjà sous ces vastes plafonds. Oui, le maître de cette maison si belle, si riche, si heureuse, si calme, si tranquille, le maître de ces eaux murmurantes et limpides, le père de ces deux enfants qui tout à l'heure jouaient encore sur le lac, il venait d'être tiré à bout portant, comme une bête fauve, dans la capitale la plus civilisée du monde civilisé !

Et aussitôt toute la maison rentra dans le silence ; plus de fêtes, plus de jeux, plus rien que de mornes visages. Avant de quitter ces beaux jardins j'attendis que les deux enfants fussent rentrés dans leur appartement en passant par le salon des Guise, étonnés eux-mêmes de cette nouvelle. Pauvres enfants ! comme ils ont dû avoir peur ! Et en effet, trois ou quatre balles de plus dans l'horrible machine, et ils restaient les seuls propriétaires du château d'Eu !

Le comté d'Eu vous conduit naturellement dans le beau comté de Ponthieu, dont Abbeville est la capitale. L'histoire du comté de Ponthieu a été écrite avec beaucoup de goût et de clarté par un homme d'un grand mérite et d'une grande modestie, M. Louande. On trouve encore à Abbeville de beaux restes de son ancienne importance : la manufacture de draps fins, fondée par John Van Robais sous la protection du roi Louis XIV, en 1665, est aujourd'hui dans un grand état de prospérité, aussi bien que la fabrique de tapis, qui est à peu près de la même date. Mais quelle différence dans les deux fabriques ! l'une obéit à la vapeur, cette âme intelligente du monde matériel, l'autre obéit aux bras de l'homme.

A Abbeville j'ai vu de vieux édifices, de vieilles maisons d'un beau caractère, une grande et belle église qui n'a jamais été achevée et qui tombe en ruines ; à Abbeville j'ai ramassé beaucoup de ces vieux débris du moyen âge qu'il est si difficile de trouver encore ; c'est une bonne ville pour les antiquaires. A Abbeville j'ai vu l'horrible place où fut mis à mort le chevalier de Labarre. Pauvre jeune homme ! que de supplices ! et que devint-il quand il vit à une fenêtre, spectatrice impassible de ces sanglantes fureurs, la jeune fille qu'il aimait ! Mais Abbeville a effacé depuis longtemps par son urbanité, par sa tolérance, par ses vertus faciles, ces souvenirs de sang.

Quand j'eus tout vu, la bibliothèque, qui a été brûlée, dévastée et pillée, et qui renferme encore de belles choses; le musée, qui commence à peine; le vieux navire saxon qu'on a retrouvé dans la Somme, cette noble rivière qui charie les antiquités comme d'autres rivières charient le sable; quand j'eus tenu dans mes mains la tête du Gaulois qu'on a déterrée encore enchaînée à son carcan de fer comme un serf, je pris congé de mon excellent ami le poëte, l'historien, l'antiquaire, Boucher de Perthes, et je revins en toute hâte sans plus rien voir; et encore trouverez-vous que j'ai trop vu.

Dites-moi, je vous prie, comment sont faits ceux qui aiment les voyages pour les voyages, comment est construit le cœur d'Alphonse Royer, qui un beau jour est parti pour Constantinople, d'où il a rapporté la fièvre; dites-moi, je vous prie, ce qui a poussé M. de Lamartine, mon roi et mon dieu, à quitter sa belle maison et ses vieux arbres pour aller se perdre dans les sables de l'Orient? Vive le repos de chaque jour! vivent les ombrages de chaque été! Bonjour à mes meubles qui me connaissent, à mes livres qui s'ouvrent tout seuls aux plus beaux endroits, à mes chiens qui me saluent, à mon fauteuil qui est fait pour moi, à mes amis visibles et invisibles, les bien-aimés de mon cœur! bonjour même à mes chers calomniateurs de chaque matin et de chaque soir; bonjour, bonjour à tous ces biens de la vie, auprès desquels il faut rester puisqu'on ne peut pas les emporter avec soi!

UNE
NUIT DANS ALEXANDRIE.

— Il y a de cela assez longtemps, je vivais en simple citoyen de colonie romaine, sans titre et sans revenu; et, malgré les événements déjà fort compliqués de ma vie, j'étais loin de me douter que je deviendrais un jour, d'abord *comte de Saint-Germain* dans une cour française, puis ensuite le *citoyen Germain* dans une république de vingt-quatre heures, et enfin *monsieur Germain* tout court grâce à cette manie de bourgeoisie qui vous possède aujourd'hui.

Ainsi commença le narrateur.

A ces mots l'attention fut grande dans l'assemblée; le silence devint plus silencieux, et l'auditoire en suspens se trouva saisi d'un si grand étonnement que le comte s'arrêta tout court, tant il comprit que ce silence surnaturel équivalait à une interruption.

Et, de fait, n'était-ce pas merveille pour une société de notre époque, tout occupée des intérêts de la politique moderne et tout entière à ces interminables dissertations qui ont remplacé dans nos salons la galanterie et la médisance, délicieux passe-temps de nos grand'mères, de se voir tout à coup interrompue par ce fameux comte de Saint-Germain si remarqué à la cour de Louis XV, si fécond en vives saillies et en souvenirs imposants; qui, sans passé et sans avenir, spirituel et riche, deux grandes conditions de succès à cette cour, disparut un beau jour subitement, après avoir donné à la Couronne ses deux plus beaux diamants et joué un rôle presque historique sous un règne où l'histoire ressemble au roman à faire peur ? singulier et mystérieux personnage, avec une grave physionomie traversée de temps à autre par un sourire sardonique, et dans un âge tel qu'il aurait été impossible de dire s'il était jeune homme ou homme fait, tant il s'était maintenu ferme dans ce moment si fugitif de la vie, quand, arrivée à sa limite naturelle, la jeunesse vous dit adieu avec un air de pitié et de regret, et vous jette entre les bras inexorables d'une raison plus froide et plus correcte, mais aussi moins insouciante et moins heureuse sans contredit.

Le comte de Saint-Germain s'arrêta donc longtemps au milieu de sa phrase commencée, jusqu'à ce qu'il pût reprendre son récit. En même temps l'assemblée se rapprochait en silence ; elle étudiait avec soin ce narrateur étrange : les dames cherchaient dans son costume propre et décent quelques vestiges des modes antiques ; les hommes le regardaient, les uns avec défiance, les autres avec un niais et stupide sourire, quelques jeunes gens avec un intérêt réel et comme le seul vieillard qui fût assez vieux pour être au-dessus d'eux. C'était une curiosité comme celle d'un chat qui découvre un objet nouveau dans la maison de son maître.

Ainsi fit l'assemblée pour M. de Saint-Germain. Quand elle l'eut bien étudié dans tous les sens, bien examiné, bien flairé, elle s'en saisit entièrement, puis elle reprit son allure ordinaire. Le silence redescendit à son degré accoutumé, et le comte, redevenu un simple particulier, reprit naturellement son récit sans autre explication.

— Vous qui êtes jeunes, même comme nation, nous dit-il, vous ne pouvez pas vous douter de la masse d'idées contraires et d'opinions opposées qui prennent cours dans les empires à des époques qui n'arrivent qu'une fois dans une destinée d'empire. Je veux parler de ces époques fatales de transition, quand un grand peuple, se détachant sans s'en douter et malgré lui de sa vie passée, et de ses mœurs antiques, et de la politique qui fut sa vie, se sent livré tout à coup à mille destinées opposées, et se trouve forcé, en dernier recours, d'appeler le paradoxe pour occuper son inquiétude; car dans ces temps de révolution le vrai devient insupportable et insipide; on cherche le mieux pour ne pas s'arrêter au bien; on se jette dans l'absurde parce qu'on est arrivé aux limites du possible. Cet état de nation, qui ressemblerait à un cauchemar si le réveil n'était pas si terrible, vous autres Français vous l'avez déjà subi une fois, il n'y a pas longtemps. Vous vous êtes, il est vrai, tirés de ces vains prestiges avec un bonheur que je n'ai vu qu'à vous; mais cet épouvantable rêve, vous pouvez en croire l'expérience d'un homme qui a été le valet de chambre de Cromwel, je ne vous conseille pas de le recommencer.

Voilà l'état misérable dans lequel se trouvait le monde quand César, habile et clément continuateur de Sylla, eut appris une seconde fois au Capitole qu'il pouvait avoir un maître.

La leçon profita surtout à trois hommes, à Auguste plus qu'aux deux autres ; Auguste, Marc-Antoine et Lépide furent un instant les trois colonnes sur lesquelles reposait l'univers ; mais lorsque Lépide eut été jeté de côté aussi facilement que votre ancien maître Barras, dont la destinée fut la même, il arriva qu'entre Auguste et Antoine le débat fut long et disputé. Le monde se partagea entre ces deux maîtres, prêt à battre des mains au vainqueur ; et, comme à ce monde ainsi excité il fallait à toute force une occupation puissante qui pût remplacer cette préoccupation de liberté à laquelle il renonçait à jamais, on se rejeta de plus belle, d'abord dans les théories philosophiques, dans les doctrines du bien et du mal ; tantôt le spiritualisme, plus souvent la sensation ; aujourd'hui l'Académie, demain le Portique. Mais ces graves questions avaient été débattues dans la Grèce de Périclès ; elles avaient déjà assisté une fois à la décadence d'une grande république ; elles avaient été embellies par ce langage ingénieux et cadencé que Platon avait importé du ciel. Aussi fut-ce un vain effort, quand l'oisiveté romaine voulut aller sur les brisées de l'oisiveté athénienne : elle se perdit dans ce dédale, dont l'éloquence seule pouvait faire trouver les détours ; Cicéron lui-même les dénatura dans sa maison de *Tusculum*. En dernier résultat, loin d'avancer, la morale fit un pas rétrograde ; elle prit un masque, comme dans les histoires de Salluste. Ainsi, pour la vertu, elle s'en tint à la définition du dernier Brutus.

J'ignore, si l'esprit humain à cet instant n'eût pas eu d'autre débouché, à quels excès il se fût porté. Peut-être bien que, faute de mieux, Rome se fût mise encore à faire de la liberté, bien qu'à ce métier elle se fût fatiguée et perdue. Heureusement qu'elle se mit à faire de la politique, ce qui n'est pas la même chose. Alors mille recherches furent entreprises sur le génie des peuples, sur l'excellence des gouvernements, sur les meilleures lois possibles. C'est ainsi que mon ami Thomas Morus, malgré mes conseils et mes prières, écrivait l'*Oceana* sous le règne de Henri VIII, et se dépouillait de son habit de chancelier d'Angleterre pour marcher à l'échafaud. La politique était donc la principale occupation du monde romain pendant qu'Auguste et Antoine, tantôt unis, tantôt séparés, se battant l'un contre l'autre ou poursuivant ensemble Cnéius, le fils du grand Pompée, amis inséparables, ennemis jurés, réunis ensuite par l'hymen d'Octavie, la sœur d'Auguste, dont la touchante beauté et les vertus simples et modestes auraient dû enchaîner Antoine, méditaient chacun de son côté l'asservissement de l'univers.

Pour moi, insouciant voyageur dans ce monde ainsi divisé, et qui, par position comme par caractère, n'appartenais à aucun parti, j'avais cependant suivi Antoine en Orient, parce que l'Orient devait être le théâtre de ces grands débats. Jamais dans vos livres, jamais dans vos extases de jeunesse, jamais dans vos plus beaux jours de gloire, quand vos dômes étincelants et chargés de drapeaux resplendissaient sous les feux d'un soleil brillant comme le soleil d'Austerlitz et des Pyramides, vous n'avez vu, vous n'avez imaginé rien de beau comme l'Alexandrie de Cléopâtre. Figurez-vous toute l'Italie avec sa force, toute la Grèce avec ses formes riantes, tout l'Orient avec ses richesses, ce que la République a de grandeur, ce que la Royauté a de grâce et de majesté, deux mondes confondus sur un seul point; à la tête du premier monde Antoine, l'ami de César, son lieutenant dans ses conquêtes, accompagné de ses vieilles cohortes, géant au cœur de lion et au sourire de jeune homme; à la tête de l'autre monde Cléopâtre, entourée encore de l'amour de César, reine à la tête de jeune fille, aux blanches mains, à la démarche de déesse, montée sur un vaisseau d'ivoire et d'or aux cordages de soie et aux voiles de pourpre; des jardins et des palais suspendus au-dessus de ces deux puissances ; et vous aurez une faible idée d'Alexandrie.

Pourtant dans cette ville même la politique nous avait suivis. Incurable maladie des nations oisives et fatiguées, la politique était partout, dans le palais du proconsul et sous la tente du soldat, en Orient et en Occident, à Alexandrie plus que partout ailleurs ; car les Romains de la république se trouvant en présence d'une reine affable et pleine d'attraits, les sujets de Cléopâtre, au contraire, appelés à considérer de plus près la bonhomie guerrière d'Antoine, il se fit que chez les républicains survint un grand amour de monarchie, et que les sujets du trône furent envahis d'un grand désir de république. Cela ne prouvait qu'une chose, c'est que des deux côtés, reine ou empereur, chacun dissimulait, chacun se faisait meilleur que de coutume, ne fût-ce que par envie de plaire, car ni l'un ni l'autre n'avait besoin de descendre à flatter le peuple ; chacun s'en souciait fort peu, j'imagine; et lorsque Cléopâtre souriait aux cohortes elle souriait en effet à leur général ; le général, de son côté, faisait sa cour à Cléopâtre en parlant aux sujets de la Reine ; empire ou autre chose, c'était toujours la même déception, ce qui n'empêchait pas en théorie que le principe ne restât pur et à l'abri de toute atteinte ; il ne s'agissait que de savoir lequel devait prévaloir. A ce sujet je me pris de grande dispute avec un stoïcien du vieux système, philosophe tout imbu des doctrines sévères de son école. Il se nommait Scaurus ; il était le frère d'un des partisans d'Antoine, mais sa conscience, qui lui défendait de fréquenter un courtisan, les avait séparés depuis longtemps. C'était, à tout prendre, un homme d'une pensée énergique et d'un beau langage. Cependant il est demeuré sans nom, parce qu'il est donné à peu de philosophes de se faire un nom durable. Il avait quatre-vingt-dix ans lorsque je lui fermai les yeux dans la délicieuse maison de Campanie que lui avait laissée son frère en mourant : cependant il me semble souvent que je le vois encore, enveloppé de son manteau, chargé d'une longue barbe noire, se promener à grands pas sous les portiques en récitant tout ce qu'il avait ajouté à la République de Platon, tout ce qu'il savait du même traité de Cicéron, que le temps a fait disparaître et que peut-être un jour je retrouverai dans mes papiers; sans compter qu'il avait toujours présentes les belles pages d'Aristote contre la tyrannie, et en particulier *contre ces hommes sortis de la classe des démagogues, forts de la confiance du peuple à force d'avoir calomnié les hommes puissants**. Ainsi armé, et m'écrasant de l'exemple de Phidon à Argos, de Phalaris dans l'Ionie, de Pisistrate à Athènes, de Denys à Syracuse, mon stoïcien sortait souvent vainqueur dans nos disputes de chaque jour ; car pour moi, peu jaloux de m'appuyer d'exemples passés et de rappeler ces grandes monar-

---

* Aristote, *De la Politique.*

chies si admirablement constituées qui avaient fourni à Alexandre le modèle de la sienne, je me retranchais dans la discussion du principe, dont je vous ferai grâce parce que, tout grands politiques que vous êtes, je vous ennuierais mortellement.

Nous étions donc toujours en discussion, Scaurus et moi; et, comme j'avais apporté tout mon sang-froid dans cette dispute et que j'attendais avec patience quelque bon argument bien décisif en faveur de la royauté, je me repaissais à loisir des belles et grandes rêveries du philosophe. Cette belle imagination prenait toutes les formes, parcourait tous les sentiers, passait en revue toutes les opinions : tantôt, comme Bias, elle définissait la *république* un respect pour les lois égal à la terreur des tyrans; ou bien, comme Thalès, un nombre égal de riches et de pauvres; d'autres fois, avec Pittacus, elle appelait de tous ses vœux un état où les scélérats seraient exclus de la magistrature; enfin, avec Chilon, elle chassait les orateurs de la tribune pour ne laisser régner que la raison. Vous ne sauriez croire avec quel ravissement j'écoutais ces rêveries touchantes; car, autant les théories politiques sont à redouter parmi la foule ignorante et grossière, autant ces mêmes théories sont intéressantes dans la bouche d'un sage.

Une nuit où tout reposait, excepté nous et les sentinelles des deux camps, dont les lances au fer éblouissant renvoyaient au loin les pâles et doux rayons de la lune, nous nous promenions, mon philosophe et moi, dans les murs silencieux d'Alexandrie, sous ces portiques de marbre blanc, au milieu de ces fontaines qui ne se taisaient ni jour ni nuit, et comme dominés par le fleuve aux flots d'argent où se balançait mollement la galère de Cléopâtre. Nous nous taisions. Ce silence qui succédait à tant de tumulte n'était pas sans charmes; et nous poursuivîmes notre route jusqu'à ce que nous fussions arrivés au palais de la Reine. C'était un vaste et élégant édifice défendu de toutes parts, et appuyé sur cette même tour au sommet de laquelle Antoine fut enlevé, frappé d'un coup mortel. Tout était silencieux dans le palais ; pas une lumière qui indiquât un de ces festins somptueux dont chaque toast était annoncé à la ville par des fanfares comme s'il se fût agi d'un triomphe; c'était une nuit de paix et de calme comme au temps de Ptolémée, une de ces nuits silencieuses comme si César, enveloppé dans l'ombre et se cachant à tous les regards par un dernier respect pour le sénat et le peuple romain, eût dû venir le soir même et sans bruit visiter cette voluptueuse reine d'Asie qu'il avait tant adorée!

Cette nuit sans orgie nous surprit quelque peu ; et nous étions encore à chercher en quels lieux se divertissait l'Empereur lorsqu'à l'angle du palais nous aperçûmes une petite porte qui s'ouvrit lentement. Bientôt après un esclave en sortit ; il referma la porte avec précaution, après quoi il se dirigea vers la ville.

Il portait sur ses épaules un tapis de Perse d'un volume assez considérable, et roulé avec soin. Nous fûmes curieux de savoir à qui ce tapis pouvait s'adresser; peut-être était-ce un présent que la Reine envoyait à quelque capitaine romain. Nous suivîmes donc presque sans le vouloir le tapis et l'esclave : ils entrèrent d'abord chez un devin célèbre par ses prédictions et son inflexible savoir.

— Vous verrez, me dit Scaurus, qu'il s'agit de quelque enchantement, d'un philtre amoureux sans doute.

Et il levait les épaules comme un homme qui ne croit ni aux astres ni à leur influence puissante.

Bientôt l'esclave et le tapis reparurent, et nous les suivîmes toujours. Nous les vîmes entrer dans la tente d'Enobarbus. Enobarbus était l'intime ami d'Antoine, un glouton et jovial compagnon de ses guerres et de ses plaisirs.

— Par Jupiter! m'écriai-je, mes pressentiments ne m'auront pas trompé : c'est à Enobarbus que restera ce beau tapis.

Mais le tapis et l'esclave reparurent quelque temps après, et ils se dirigèrent dans un quartier tout opposé, chez Mécènes, le favori d'Auguste. Caché à Alexandrie, Mécènes méditait en secret la ruine d'Antoine. Mécènes n'était pas encore ce que je l'ai vu depuis; gros, gras et lourd, tout parfumé des odes louangeuses d'Horace et des apothéoses de Virgile : c'était alors tout simplement un diplomate à la main blanche, avec le bout de l'oreille déjà rouge, les lèvres roses, mais, du reste, d'un embonpoint très-décent, et qui, de nos jours, n'eût pas outrepassé les bornes d'un fauteuil de conseiller d'État.

— Je n'y comprends plus rien, dis-je tout bas à mon compagnon.

— Ni moi non plus, reprit-il. Ce sont de trop grands seigneurs pour conspirer par l'entremise d'un eunuque. Quant au tapis, à quoi peut-il servir? Je l'ignore, mais, foi de philosophe! je meurs d'envie de le savoir.

— Nous le saurons peut-être, lui répondis-je; il ne s'agit que d'attendre.

Nous attendîmes en effet beaucoup plus longtemps à la porte de Mécènes qu'à celle d'Enobarbus. A la fin le tapis se montra de nouveau, et ce ne fut pas sans surprise qu'au détour du môle de Césarion nous le vîmes entrer, devinez où? A la caserne même des gardes prétoriennes. C'étaient d'anciennes troupes de César, les premiers vainqueurs de l'Égypte, les mêmes qui avaient imaginé de frapper au visage ses jeunes et beaux guerriers, et de les mettre plus sûrement en fuite que s'il ne se fût agi que de la mort. Nous fûmes sur le point de renoncer à la recherche de cette énigme. — A qui donc en veut cet esclave? que veut-il? où va-t-il? — La caserne le retint longtemps. Quand il en sortit, plusieurs soldats le suivirent jusque sur le seuil et baisèrent avec respect la pourpre tyrienne ; car à la clarté des flambeaux nous apercevions la couleur douteuse du mystérieux tapis.

— Vous m'avouerez, me disait tout bas mon stoïcien, que voilà un singulier messager : généraux et soldats, la tente du diplomate et la simple caserne, tout lui convient; il se glisse partout avec la même sécurité... Et, si je ne me trompe, le voilà qui entre dans le palais d'Antoine aussi facilement qu'à Athènes j'entrerais à l'Académie.

Et en effet, au milieu de mille acclamations bruyantes, ce tapis fut introduit dans le palais. Le palais du général éclatait de mille feux; échauffés par le vin, les convives, Africains ou Romains, esclaves parvenus ou nobles descendant de familles patriciennes, se livraient à cette gaieté bruyante qui plaisait si fort à l'Empereur. Savant dans les voluptés de l'Asie, on avait vu Antoine donner une ville pour un bon plat de poisson, honorer son cuisinier à l'égal d'un homme de guerre; et même ce soir-là le festin était plus somptueux que jamais, car on parlait dans le public d'un défi entre Antoine et Cléopâtre, d'une lutte inouïe même entre ces deux puissances, d'un triomphe de volupté qu'il s'agissait de remporter. L'arrivée de l'esclave au tapis de pourpre fut donc brillante et animée; le banquet recommença de plus belle, les flambeaux jetèrent une clarté plus grande. Pour nous cependant, assis à la porte du palais, et sans nous communiquer nos émotions, nous nous livrions à mille pensers divers. L'âme de Scaurus était en souffrance : sa sévère indignation ne pouvait se contenir à la vue de ce Romain qui se jouait d'un monde et qui aurait donné le Capitole pour une nuit de volupté. Moi, au contraire, en homme qui a beaucoup vécu, je trouvais plaisante cette destinée de la vieille Rome qui venait aboutir, en dernier résultat, aux plaisirs d'un débauché et d'une reine adultère. En vérité pour celui qui sait l'histoire c'est une bien misérable chose que tous ces empires dont la chute vous blesse l'oreille. Il faut avoir de la pitié de reste pour s'apitoyer sur ces masses inertes qui s'écroulent dès qu'elles ne peuvent plus soutenir leur propre poids; un royaume qui s'écroule c'est un équilibre perdu, voilà tout. Cependant pour l'homme qui doit survivre à cette grande chute c'est un singulier plaisir de voir tomber un empire, et de comprendre combien ridiculement il tombe, et ensuite de le voir dominé, s'il est favorisé du ciel, par des barbares qui l'envahissent, ou, moins heureux, par quelques palmiers stériles du désert et des herbes rampantes, comme vous pouvez voir les ruines de Thèbes et de Memphis.

Cependant la nuit s'avançait : les étoiles jetaient un éclat moins vif, on entendait déjà le bruit naissant d'une grande ville qui s'éveille, le vent du matin circulait en sifflant dans les voiles du port; et nous allions nous retirer quand la porte d'Antoine s'ouvrit encore une fois. Alors nous aperçûmes cette *troisième colonne de l'univers* recharger en chancelant sur les épaules de son esclave le tapis mystérieux. A ma grande surprise, je reconnus dans l'esclave Eros, bon et valeureux soldat, le même qui devait apprendre à son maître comment il fallait mourir. Il était facile de voir qu'Eros avait pris sa part du festin : son pas était mal assuré, et souvent il s'arrêtait comme pour retrouver sa route. Il allait ainsi tout hors de lui lorsqu'un incident étrange vint encore augmenter son trouble. Nous étions encore en présence du palais d'Antoine : l'Empereur, entouré de ses courtisans et chargé comme eux de la couronne de lierre des banquets, respirait machinalement l'air frais du matin, tout étonné de voir se lever l'aurore autrement qu'à la tête d'une armée. Ce fut alors qu'une musique qui n'était pas de la terre se fit entendre : c'étaient des sons doux et tristes dont la monotonie n'était pas sans charmes, et qui n'avaient rien d'humain. A ce bruit les Romains ôtèrent leurs couronnes; Eros s'arrêta tout court.

— Les dieux s'en vont, dit-il; Bacchus nous abandonne : mon maître est mort!

En même temps de grandes larmes coulaient dans ses yeux. En vérité Eros était un bon esclave, et dans un marché on l'eût payé bien cher. Je m'approchai de lui.

— Salut au seigneur Eros, lui dis-je; que les Heures aux doigts de roses et toutes les divinités du matin lui soient propices!... Mais il me paraît, Eros, que vous menez une vie bien pénible : comment se fait-il qu'à cette heure, et après les libations de la nuit, vous n'êtes pas étendu tout du long dans le *triclynium* de votre maître entre ses deux molosses bretons, et serrant dans vos bras quelque bonne esclave sicilienne qu'il vous aura donnée dans un moment de belle humeur?

— Par Hercule! c'est bien parler, mon maître! reprit Eros: m'est avis que je travaille comme un consul, tandis que je devrais être heureux comme un grand-prêtre.

Puis, élevant les yeux vers son tapis avec un air langoureux et sentimental qu'il avait puisé dans une vieille amphore de vin de Chypre :

— Joli fardeau, disait-il. Que ne suis-je le grec Anacréon ! je te ferais une petite chanson de dix syllabes, toi qui es l'arbre sous lequel repose mon maître dans les grandes chaleurs de l'été, comme Bathyle pour le vieillard de Cos !

— Quel est donc cet arbuste que tu portes ? reprit l'impatient Scaurus.

Eros reprit en chantant sur un air de courtisane :

Un joli arbre, sur ma foi : ses fleurs sont des perles blanches,
Ses feuilles sont d'or comme la fleur de saule.
Trop heureux qui peut serrer ce jeune tronc dans les deux mains !
Trop heureux qui peut embrasser ses racines !

Je vous demande pardon, mesdames, dit le comte en s'arrêtant : j'ai honte moi-même de ces vers blancs, qui me feront prendre pour une traduction de Shakspeare; mais vous m'excuserez si vous songez sous combien de révolutions poétiques il m'a fallu courber la tête. Enfant, j'ai commencé par scander les vers de Sophocles et d'Homère; homme fait, je me suis occupé de l'alexandrin de Virgile et des vers saphiques d'Horace; sous le grand poëte Ronsard, je me souviens d'avoir été un des meilleurs poétiseurs français. A présent votre mode poétique est trop variable pour que je puisse m'y soumettre. Pardonnez-moi donc mes vers blancs, s'il vous plaît... Pardon encore, je ne sais plus où j'en étais de mon récit.

—Vous en étiez à l'esclave, reprit vivement un tout jeune enfant qui avait l'air de dormir sur les genoux de sa mère.

— Et le chanteur chancelait de plus belle tout en riant.

— Si tu voulais me confier ton fardeau, Eros, lui dis-je, je le porterais bien à ta place.

— C'est un pesant fardeau, disait Eros, que de porter la Cilicie, la Cappadoce, le Pont-Euxin, je ne sais combien de villes nombreuses...

— Mais je suis aussi fort que toi, Eros, ce me semble, et si tu portes tout cela je pourrai bien le porter moi-même.

— Aussi fort que moi? disait Eros; impossible! tu es un homme libre, et j'ai sur toi l'avantage d'être un esclave.

Et il poursuivait sa pensée tout en se parlant à soi-même :

— Un bon esclave est le maître de son maître; si son maître est le maître du monde, il est, lui aussi, le maître du monde; si la fortune sourit à son maître, il a la plus grande part de ce sourire; et quand la beauté se rend à son maître il a encore le droit de s'en féliciter... Voilà bien la peine d'être libre! reprit-il après un instant de silence. Tout homme libre que tu es, si tu laissais tomber ce fardeau tu serais mort : il y aurait un tremblement de terre au premier choc, et l'abîme s'ouvrirait pour te dévorer comme Curtius. De ce fardeau il n'y a que moi qui ai le droit de me jouer; moi seul je pourrais le laisser tomber sans mourir parce que je suis l'esclave d'Antoine. Aussi est-ce pitié lorsque, dans l'antichambre de mon seigneur, je rencontre des rois timides et tremblants. Ils se lèvent à mon aspect, et, saisissant leur couronne des deux mains : — Salut, disent-ils, salut au seigneur Eros! vive à jamais le clément Eros!... Et ils sont heureux de me prendre la main, parce qu'ils savent que souvent de cette main un sceptre peut tomber.

Ainsi parlait Eros. Au son emphatique de sa voix on voyait qu'il était convaincu de sa dignité d'esclave et de sa supériorité sur les hommes libres. En même temps, et comme pour mieux la prouver, il jouait avec son redoutable fardeau comme un enfant jouerait avec un hochet, le changeant d'épaule à chaque instant; après quoi, tout fier de son audace, il me regardait fixement comme pour me défier d'en faire autant.

— Donne-moi ton fardeau, mon cher Eros, repris-je encore une fois : tu dois être bien fatigué de l'avoir porté toute cette nuit !

Il me le céda sans mot dire, mais en le chargeant sur mon épaule il avait je ne sais quel sourire sardonique qui n'annonçait rien de bon.

— Puisque tu veux à toute force mon fardeau, le voici. Imprudent ! que dirais-tu si ce tapis devenait tout à coup une jeune lionne prête à te dévorer ? Ce tapis est comme un rosier de l'Égypte : ne remuez pas sa jolie tête rose et parfumée, vous en verriez sortir un aspic au noir venin. Rends-moi, homme libre, rends-moi mon fardeau, car ta liberté te sera un méchant bouclier à l'instant du danger.

Cependant j'étais décidé à voir la fin de cette singulière aventure, je ne voulais pas par une vaine terreur perdre le fruit d'une nuit d'attente ; et malgré les sinistres prédictions d'Eros je marchais toujours à ses côtés. D'ailleurs mon fardeau n'était pas sans charmes : c'était un poids léger et inoffensif, quelque chose d'inanimé, mais, autant que je pouvais le comprendre, avec des formes charmantes et cette douce et pénétrante chaleur qui donnerait des forces au plus faible. Nous repassâmes devant la caserne.

— Est-ce là qu'il faut entrer, demandai-je à Eros ?

— Par Apollon ! disait Eros, pas à présent : il fait trop jour, tu ferais reculer le soleil !

En effet le jour était arrivé ; et quand nous fûmes en présence du palais de la Reine nous pûmes le voir distinctement, enveloppé de la blanche lumière du matin comme un cadavre dans un linceul. Arrivés près de la porte, Eros se retourna vers nous :

— Il en est temps encore, nous dit-il : rendez-moi mon fardeau et vous êtes sauvés.

— Nous entrerons, Eros, reprit le brave Scaurus, et nous verrons si tu es assez esclave pour avoir le droit de sauver des hommes libres.

Nous entrâmes en effet. Nous étions seuls. Le vestibule était de marbre; une savante mosaïque déroulait à nos pieds mille peintures riantes, et le plafond doré était éclairé par les restes mouvants d'une lampe à quatre becs suspendue à une longue chaîne de bronze. Déjà nous frappions à une seconde porte quand Eros eut pitié de nous :

— Imprudents! nous dit-il, n'allez pas plus loin! vous tomberiez parmi les gardes de la Reine et sous les flèches de ses archers. Il ne tiendrait qu'à moi de vous punir de m'avoir espionné toute une nuit; mais mon noble maître Marc-Antoine m'a appris qu'il était doux de pardonner... Écoute, me dit-il d'un ton solennel de commandement, mets à terre ce tapis, déroule-le doucement, et tu comprendras, malheureux, à quels périls tu t'exposais !

J'obéis, je plaçai mon fardeau par terre, et, prenant par les deux mains l'extrémité de la pourpre tyrienne, d'abord j'aperçus une lueur fugitive, quelque chose de blanc qui se cachait sous ces plis de pourpre, jusqu'à ce qu'enfin, à l'extrémité même du tapis, je découvris, le dirai-je? Cléopâtre elle-même, la reine d'Alexandrie, la maîtresse d'Antoine, endormie et plongée dans une ivresse léthargique!

Vous ne seriez guère avancés si, à ce propos, j'avais besoin de vous prémunir contre tous les mensonges de l'histoire. On en a fait beaucoup sur Cléopâtre; et même ceux d'entre vous qui se souviennent de l'avoir vue sur nos théâtres, sous les traits imposants et sous la taille majestueuse d'une tragédienne célèbre n'en auraient qu'une très-fausse idée. Cléopâtre ne ressemblait en rien à mademoiselle Georges : elle n'avait ni les beaux traits de son visage, ni cet imposant ensemble, ni cette voix sonore et pure. Vive et pétulante comme une jeune panthère, quatre pieds au plus, la peau légèrement brunie, une voix aigre et colère, un visage d'enfant dédaigneux et boudeur, telle était la Reine. Il faut l'avoir vue comme moi pour se la figurer parcourant les rues de la capitale enveloppée dans un tapis.

Toutefois ce fut un étrange spectacle, pour nous surtout qui n'avions aperçu cette grande puissance de l'Orient qu'à travers les pompes de la cour et les apprêts minutieux de sa coquetterie de femme, de la voir étendue à nos pieds, ivre-morte et dans un désordre si complet que vous l'eussiez prise pour une bacchante dans un jour d'orgie, oubliée par les satyres au coin d'un bois. Elle était là immobile, pâle comme la lumière qui frappait sur son pâle visage; ses cheveux étaient en désordre, elle était à peine vêtue; et il eût été difficile de reconnaître à ces yeux égarés, à cette bouche entr'ouverte l'ancienne amante de César, la jeune et belle reine de l'Orient; d'autant plus qu'avant cette ivresse nous nous souvenions d'une manière invincible de ses visites multipliées autre part qu'au palais d'Antoine. Voilà l'affligeant spectacle qui frappa nos regards. Pour moi, j'en fus consterné. Je me suis toujours senti un faible pour le pouvoir dans les mains des femmes; et quand la loi salique fut promulguée je fus chassé du conseil des vieux barons pour m'y être opposé trop vivement. Eros jouissait de ma consternation, il l'attribuait à la peur.

Il n'en était pas ainsi de mon compagnon : perdu toute la nuit dans ses belles rêveries de grandeur et de majesté populaires, il venait de trouver tout à coup un terrible argument en faveur de son amour pour la république.

—Vois-tu, me dit-il en s'approchant près de la Reine étendue, vois-tu ce corps inanimé, cette âme anéantie, ce gracieux sourire effrayant par son immobilité? vois-tu cette ivresse profonde? vois-tu ces traces hideuses d'une débauche nocturne? Tout ceci ce n'est pourtant pas de la royauté!

Sans répondre à cet accent terrible je me mis à baisser la toge de la Reine, et à l'arranger elle-même dans une position plus décente; je réparai de mon mieux le désordre de sa toilette. Il était complet; et même ce ne fut pas sans pâlir que je remarquai que, dans le vagabondage de sa nuit, la Reine avait perdu une des perles qu'elle portait à ses oreilles aux grands jours. En effet l'oreille droite était nue, tandis qu'à l'autre oreille était encore suspendue la seconde merveille de l'Orient. La Reine tenait dans ses mains une large pancarte : il s'agissait de plusieurs royaumes que lui avait donnés Antoine pendant la nuit. Je m'emparai à mon tour de cet argument sans réplique :

— Cet homme qui paie les faveurs d'une femme avec des villes et des populations entières, cet amant fougueux qui donne à sa maîtresse des milliers d'hommes pour un baiser, ce terrible empereur qui joue la vie et les destinées de Rome sur un sourire, cet époux de la jeune et timide Octavie qui vit en plein jour avec une prostituée, cet homme dont les esclaves sont salués à genoux par les rois, voilà pourtant la république, que tu nous vantes à tout propos, Scaurus! Oserais-tu la préférer à la royauté?

Ici se termina notre dispute. Eros, dont l'ivresse se dissipait peu à peu, comprit enfin son imprudence. Il replia la Reine dans son manteau, nous fit sortir en toute hâte du palais, referma la porte sur nous, et tout finit.

— Voilà, mesdames, comment se termina cette discussion politique. Elle eut le sort de toutes les questions qui s'agitent dans le monde, quand après bien des explications, bien des clameurs, bien des sophismes, et quelquefois de grosses et interminables injures, chacun reste obstinément dans son opinion; misérable et triste penchant de notre espèce, qui des choses humaines n'aperçoit jamais qu'un côté.

Ainsi parla le vénérable comte de Saint-Germain. Vous pouvez juger, d'après cette narration effacée et incomplète, s'il y eut de l'intérêt dans son récit. Toutefois, arrivé à la fin de cette longue narration, il s'aperçut, à son grand étonnement, que l'assemblée n'était pas entièrement satisfaite, qu'il lui manquait une explication à quelque chose, et que de cette explication dépendait son parfait contentement. Le comte avait beau chercher ce qu'il avait oublié : sa vieille habitude de conteur aurait échoué si une jeune femme de l'assemblée ne fût venue le tirer d'embarras. C'est une chose charmante qu'une jeune femme qui vous interroge : une fois qu'elle a surmonté sa timidité naturelle, son corps se dresse, son œil devient plus vif, son sourire plus attrayant, et vous voyez à son regard que si elle vous fait une question c'est malgré elle, et comme vaincue dans ce combat de curiosité.

— Pardon, monsieur, dit-elle au comte en rougissant, mais nous voudrions bien savoir, moi et ces dames, ce que devint la belle perle que perdit Cléopâtre dans cette nuit d'horreur.

A cette question inattendue le comte de

Saint-Germain fut atterré : ce grand débat de la monarchie et de la république devenant tout à coup une question de coquetterie lui fit juger que notre siècle n'était pas aussi grave qu'il l'avait cru d'abord.

—Vous avez raison, madame, reprit-il : c'est un grand oubli dans mon histoire. Cette nuit même, comme je l'ai dit, Cléopâtre avait défié toute la pompe des festins de Marc-Antoine, et elle était sortie triomphante du défi : cette belle perle, qui valait trois royaumes, elle l'avait fait fondre dans du vinaigre, elle l'avait avalée d'un seul trait.

A ces mots un grand tumulte s'éleva dans l'assemblée. De cette orgie royale on avait presque tout compris, même, en détournant les regards, la visite à Mécènes et la visite aux gardes prétoriennes, la visite à Antoine surtout, et cette lente et mystérieuse promenade sur les épaules d'un esclave ; mais arrivées à ce simple fait de la plus belle perle du monde sacrifiée sans remords à une vanité purement gastronomique, il n'y eut pas une femme, pas une jeune fille qui pût contenir son indignation contre un pareil despotisme ; même peu s'en fallut qu'en dépit de l'espèce d'instinct qui plaide dans le cœur des femmes en faveur de la royauté et de cette majesté vivante qui jette sur notre histoire un si brillant et glorieux reflet, elles ne fussent sur le point de voter pour la république, tant il y avait d'indignation dans leur cœur.

A cet emportement inattendu le comte de Saint-Germain fut hors de lui-même. Sans doute qu'il fut un peu chagrin de voir se réduire à si peu cette grande dissertation politique sur un texte dont on s'occupe depuis le commencement du monde sans résultat.

Son étonnement était d'autant plus grand que le digne homme n'attribuait cette grande colère des dames à propos de la perle de Cléopâtre qu'à leur répugnance pour le vinaigre avalé tout pur. Son imagination n'allait pas au-delà.

Mais c'est qu'à force de vivre et de traverser les cours, le comte était devenu bonhomme, et qu'enfin il commençait peut-être à radoter, comme vous avez pu vous en apercevoir.

LES

MARCHANDS DE CHIENS.

Vous avez lu sans doute les *Mémoires de lord Byron* : une des choses qui m'a étonné le plus dans ces étonnants mémoires, c'est la facilité avec laquelle le noble lord renouvelle ses boule-dogues et ses lévriers à volonté. — Envoyez-moi, dit-il, un boule-dogue d'Écosse ; les boule-dogues de Venise n'ont pas les dents assez dures. — Envoyez-moi un beau chien de Terre-Neuve pour le faire nager dans les lagunes. — Il écrit, il donne des ordres à son intendant comme un autre écrirait à Paris : — Envoyez-moi de l'eau de fleur d'oranger ou des gants.

Si lord Byron avait eu son correspondant à Paris, ce correspondant aurait été bien embarrassé de satisfaire aux désirs de son maître. Il aurait eu beau chercher dans tout Paris un boule-dogue, un lévrier ou un chien de Terre-Neuve à acheter : je suis assuré qu'il aurait eu grand'peine à rencontrer de quoi satisfaire lord Byron, qui s'y connaissait. Dans ce Paris, où tous les commerces se font en grand, même le commerce de chiffons et de ramonages à quinze sous, il n'existe pas un seul établissement où l'on puisse aller, pour son argent, demander un chien comme on le veut. En fait de marchands de chiens, nous en possédons, il est vrai, quelques-uns, et en plein vent, fort versés dans la science de dresser des caniches, et qui élèvent leurs chiens dans des cages, sur le parapet du Pont-Neuf; mais c'est là tout. Allez donc chez ces gaillards-là, une lettre en main de lord Byron, demander à acheter un boule-dogue, un lévrier ou un chien de Terre-Neuve!

Vous voyez donc sans que je vous le dise que, malgré toute ma bonne volonté, je ne puis vous faire ici une dissertation savante sur cette branche d'un commerce qui n'existe pas, et qui pourrait être très-florissant. Après la race humaine, ce que le Parisien néglige le plus, c'est la race canine : il est impossible de se donner moins de peine pour les uns et pour les autres; il est impossible de mélanger les races avec plus de caprice insouciant et de hasard stupide. Voilà pourquoi nous avons de très-vilains hommes et de très-vilains chiens.

Venez donc avec moi si vous voulez voir les chiens parisiens, venez sur le Pont-Neuf, à gauche en descendant la rue Dauphine : quand vous aurez passé la statue de Henri IV, vous trouverez cinq à six badigeonneurs en chaussures entourés chacun de cinq à six caniches taillés et ciselés comme le buis des jardins de Versailles. L'un de ces caniches porte une moustache, l'autre est dessiné en losange; l'un est blanc, l'autre est noir; l'un est croisé avec un griffon, l'autre est croisé avec un épagneul; il y a quelquefois dans un seul chien dix espèces de chiens. Envoyez un de ces chiens à lord Byron, et vous verrez ce qu'il vous dira!

C'est que, pour le marchand de chiens de Paris, élever un chien, vendre un chien, ce n'est pas une spéculation, c'est un plaisir, c'est un bonheur. Le marchand de chiens à Paris est d'abord portefaix, décroteur, père de famille, et enfin marchand de chiens. Il est portefaix pour vivre; il vend des chiens pour s'amuser : c'est un goût qui lui est venu quand son père était portier. Le propriétaire de la maison avait tant défendu à son père d'avoir un chien que son fils en a eu trois dès qu'il a été majeur; pour ses chiens il a perdu en même temps la porte et l'affection du propriétaire de son père. Zémire, que vous voyez là étendue au soleil, a empêché le mariage de son maître avec une cuisinière, ma foi! dont elle dévastait le garde-manger; puis Zémire, étant devenue pleine dans la rue, a mis bas dans le lit de son maître. Son maître, voyant ces pauvres petits souffrants, les a élevés lui-même avec du lait, et, une fois élevés, il les a vendus sur le Pont-Neuf, ou plutôt il les a placés de son mieux, tenant plus au bien-être de ses chiens qu'à son profit personnel.

Tous les marchands de chiens de Paris ont des petits issus de Zémire et d'Azor. Regardez tous les chiens qui passent : ce sont les oreilles de Zémire, c'est la queue d'Azor, c'est la patte blanche d'Azor. Ces chiens-là sont gourmands, malingres, paresseux, voraces, stupides, très-laids et très-sales; au demeurant, les meilleurs chiens de l'univers.

J'imagine qu'au lieu de juger les hommes par les traits de leur visage ou les signes de leur écriture, on ferait mieux de les juger par les chiens qui les suivent. Le chien est le compagnon et l'ami de l'homme; le chien est sa joie quand il est seul, c'est sa famille quand il n'a pas de famille; le chien vous sert d'enfant, et de père, et de gardien; il a l'œil d'une mobilité charmante, il est arrogant, il est jaloux, il est despote, il a toutes les qualités d'un animal sociable; il vous donne occasion très-souvent de vous imposer ces petites privations qui coûtent peu, et qui font plaisir parce qu'elles vous prouvent à vous-même que vous avez un cœur. Ainsi la meilleure place au coin du feu est au chien, le meilleur fauteuil de l'appartement est au chien; on sort souvent par le mauvais temps pour promener son chien; on reste chez soi pour tenir compagnie à son chien; on se réjouit avec lui, on pleure dans ses bras; on le soigne quand il est malade, on le sert dans ses amours; c'est un sujet inépuisable de conversation avec ses voisins et ses voisines; c'est un admirable sujet de dispute aussi. Pour un célibataire, pour le poëte qui est pauvre, pour tout homme qui est seul, pour la vieille femme qui n'a plus personne à aimer, même en espoir, il n'y a plus qu'un seul secours, un seul ami, un seul camarade, un seul enfant, leur chien.

On peut donc à coup sûr juger de l'homme par le chien qui le suit. S'il en est ainsi, vous aurez une bien triste idée du bourgeois de Paris en voyant les chiens qu'il achète. Pour aimer de pareils chiens il faut avoir perdu toute idée d'élégance, toute sensation, tout odorat, tout besoin de beauté et de forme. Le caniche du Pont-Neuf, à mon sens, est une espèce de honte pour un peuple qui a quelques prétentions artistes. Le caniche est, en effet, le fond de tous les chiens parisiens.

J'entends le caniche bâtard. C'est un animal dont on fait tout ce qu'on veut, un domestique d'abord; et le Parisien a tant besoin de domestiques que, ne pouvant les prendre aux *Petites-Affiches*, il en achète, sur le Pont-Neuf, un écu. Il s'en va donc sur le Pont-

Neuf, à l'heure de midi, flairant un chien, étudiant son regard, marchandant, discutant, s'en allant et revenant.

— Combien ce chien ? — Le chien qu'il achète est âgé ordinairement de trois mois. Pendant qu'il marchande, tous les connaisseurs se rassemblent autour de lui, et chacun donne son conseil. A la fin on convient du prix. Le prix ordinaire d'un caniche bâtard, plus ou moins, varie d'un écu à sept francs. Quelques-uns se vendent dix francs ; mais en ce cas-là il faut que l'acheteur soit un maître d'armes, un employé du Mont-de-Piété, ou un commissaire de police pour le moins.

A peine a-t-il acheté son chien, le bourgeois de Paris remonte tout radieux à son quatrième étage. Arrivé à la porte, toute résolution lui manque. Sa femme a bien juré qu'elle n'aurait plus de chien : comment faire accepter ce nouveau chien à sa femme ? A la fin il prend son parti, il ouvre la porte, il entre.

— Tiens, ma femme, regarde le joli petit caniche! — La femme résiste d'abord, puis elle cède; car le moyen de ne plus aimer, une fois qu'on a aimé, même un caniche! Et voilà notre heureux couple qui s'occupe du charmant animal : on le blanchit, on le pare, on l'engraisse, on lui apprend à descendre dans la rue tous les matins. Ce bon ménage, qui s'ennuyait tête à tête et qui n'avait plus rien à dire ni à faire, se trouve à présent, grâce à son caniche, très-occupé et très-heureux. Qui vous dira toute l'éducation du caniche? que n'apprend-on pas au caniche? On lui apprend à rapporter tout d'abord, c'est l'*a-b-c* du métier de caniche ; après quoi on lui apprend à fermer la porte, on lui apprend à marcher sur deux pattes, on lui apprend à faire le mort, on lui apprend à vous ôter votre chapeau quand vous entrez. C'est une plaisanterie très-agréable : le caniche saute sur vous à quatre pattes et vous arrache votre chapeau avec ses dents, ce qui est très-pernicieux quand vous avez un chapeau neuf. Il y a des caniches qui font l'exercice, qui scient du bois, qui jouent à pigeon-vole, qui vont chercher leur dîner chez le boucher; j'en ai connu un qui fumait dans une longue pipe très-agréablement. Le caniche est la joie de la grande propriété bourgeoise; c'est une dépense tous les ans assez considérable : il faut le faire tondre tous les deux mois, il faut changer de logement à peu près tous les ans, il faut être brouillé avec tous les voisins qui n'ont pas de chiens, quand on a un caniche un peu supportable.

Ce sont là de grands sacrifices sans doute; mais comme on en est dédommagé! quel plaisir, quand on passe dans la rue, d'entendre l'animal aboyer contre les chevaux, et de se venger sur les chevaux des autres de ceux qu'on n'a pas! quel bonheur, dans le bois de Romainville, de voir galoper son caniche, ou bien de le voir nager dans la Seine, ou courir après un bâton qu'on lui jette, à la grande admiration des amateurs!

Le caniche est de tous les temps, et de tous les âges, et de tous les sexes; c'est le chien du rentier, c'est le chien du propriétaire, c'est le chien du portier surtout; le portier, cet être amphibie qui est à la fois propriétaire, bourgeois, domestique : propriétaire parce qu'il ne paie pas son loyer, bourgeois parce qu'il a un propriétaire, et domestique parce qu'il est obligé d'aimer les caniches des autres et que rarement il peut avoir un caniche à lui.

Le caniche est le chien de l'homme et de la femme, depuis trente-cinq jusqu'à quarante-cinq ans.

Arrivé à cinquante ans, les goûts changent. Tel qui s'était fait le chien d'un caniche impétueux, hardi, ardent, ne pouvant plus suivre à la course son animal, n'est pas fâché de s'en défaire. Ce chien meurt : alors on le remplace par un animal d'une espèce plus douce et moins fougueuse. Avant cinquante ans c'était l'homme qui décidait du choix de son chien dans le ménage : après cinquante ans c'est la femme qui en décide. C'est qu'après cinquante ans la femme aime son chien non plus pour son mari, mais pour elle-même; et alors, aimant son chien pour elle-même, elle prend un chien d'une nature frileuse et calme, qui ne la quitte pas, qui aille d'un pas lent, et qui aime les promenades de courte haleine; elle le veut peu libertin surtout, et peu coureur. A cet effet, il existe en France plusieurs sortes de chiens : le chien noir avec des taches couleur de feu, le chien couleur de feu avec des taches noires. Sous l'Empire, les vieilles femmes avaient trouvé une race de chiens admirable et qui leur convenait parfaitement, le *carlin*, le carlin infect et ennuyeux, criant toujours, têtu, volontaire, délicat. Depuis l'Empire le carlin a complétement disparu de nos mœurs; il a été remplacé par le griffon. C'est un progrès. Au reste, ce n'est pas la première fois que la France perd des races de chiens : le petit chien de marquise, au dix-huitième siècle, tout blanc, tout soyeux, et que relevait si bien un collier en ruban rose, s'est perdu presque complétement parmi nous ; les beaux lévriers du temps de François Ier se sont perdus, ou à peu près. Il n'y a, en fait de chiens, que le caniche qui soit imperdable ; le caniche est à sa race ce que le gamin de Paris est à la sienne. Toutefois, à la règle générale des caniches il y a des exceptions qui, au reste, ne font que prouver la règle, comme toutes les exceptions : plusieurs corps de métiers se distinguent à Paris par le choix de leurs chiens, qui n'appartiennent qu'à eux. Ainsi le boucher se fait suivre ordinairement par une vilaine et sotte espèce de bouledogue tout pelé, qui a l'air de dormir et que nous n'avons pas vu une seule fois en colère, soit dit sans vouloir le chagriner ; le cocher de bonne maison se procure comme il peut un griffon anglais tout petit qui suit très-bien les chevaux, et qui a remplacé les grands danois d'autrefois, du temps de J.-J. Rousseau, quand il fut renversé par ce chien danois que vous savez. Autrefois, quand les petites voitures étaient permises, il y avait à Paris de gros chiens, de gros dogues qu'on attelait en guise de cheval, et qui portaient avec une ardeur sans pareille leurs légumes au marché. Telles sont à peu près les seules races de chiens usitées dans cette grande capitale du monde civilisé. Vous voyez qu'il est impossible d'être plus pauvre en fait de chiens.

La révolution de juillet, qui a détruit les chasses royales, a porté un coup fatal aux chiens de chasse : les chiens de Charles X ont été vendus à vil prix, et l'on a vu les chiens du duc de Bourbon hurlant dans les carrefours, après la mort de leur noble maître, comme hurlait le chien de Montargis.

Je ne veux pas cependant, tout en déplorant notre funeste insouciance, je ne veux pas passer sous silence un marché aux chiens assez curieux, et dans lequel l'affluence est assez grande pour prouver que, si on voulait s'occuper d'améliorer cette belle moitié de l'homme, le chien, on en viendrait facilement à bout. Il existe au faubourg Saint-Germain, vis-à-vis le marché du même nom, une place assez étroite dans laquelle, tous les dimanches, on amène des chiens d'une nature beaucoup supérieure aux chiens du Pont-Neuf. Ce sont des chiens de toutes sortes : les uns sont élevés par les fermiers pour la chasse, les autres sont élevés par des gardes-chasses pour la basse-cour; le plus grand nombre a été trouvé dans les rues de Paris, et est destiné aux expériences médicales du quartier. J'ai fait plusieurs recherches pour savoir quelle était la profession qui élevait le plus de chiens à Paris, et j'ai découvert, non sans étonnement, que les sacristains de cathédrale étaient ceux qui envoyaient le plus de chiens au marché. Dites-moi, s'il vous plaît, pourquoi.

Outre le marché du faubourg Saint-Germain, vous trouverez encore quelques marchands de chiens sur le boulevart des Capucines, vis-a-vis les Affaires-Étrangères. C'est là que se vendent les meilleurs chiens courants et les meilleurs bassets, soit dit sans allusion politique et sans esprit.

Cette industrie, toute négligée qu'elle est, fait vivre plusieurs établissements de médecine canine, dans lesquels tous les malades sont disposés avec art et traités avec autant de soins qu'on le ferait dans un hôpital. Le docteur, comme tous les autres, est visible depuis huit heures du matin jusqu'à deux; le reste du temps il va en visite, avec cette seule différence qu'il est le seul médecin que paie le pauvre. Le soir, quand il est rentré, le docteur se délasse de ses travaux de la journée en empaillant quelques-uns de ses malades.

Le nombre des beaux chiens, à Paris, est fort restreint : on compte deux ou trois beaux chiens de Terre-Neuve, tout au plus cinq ou six boule-dogues de forte race. Les plus jolis chiens qui soient en France à l'heure qu'il est ont été apportés de Florence par notre grand poëte, M. de Lamartine. C'est à eux que M. de Lamartine, en quittant la France pour l'Orient, a adressé ses derniers vers. Moi qui vous parle, j'ai été trois ans à solliciter du poëte un regard favorable : il m'a enfin donné un de ses chiens ; c'était le plus beau cadeau qu'il pût me faire après ses vers; et voilà pourquoi, à la place d'un article de genre que j'avais commencé, vous n'avez qu'un article didactique. Je ne comprends pas, en effet, comment on peut parler légèrement de cette amitié de toutes les heures, de tous les jours, de ce dévouement de toute la vie, de ce bonjour du matin, de ce bonsoir de la nuit, de cette famille, de tout ce bonheur domestique qu'on appelle *un chien*.

FIN DU TOME DEUXIÈME.

TABLE.

La sœur rose et la sœur grise. 1
Mon voyage à Brindes. 87
Une nuit dans Alexandrie. 191
Les marchands de chiens. 233

www.ingramcontent.com/pod-product-compliance
Lightning Source LLC
Chambersburg PA
CBHW070628170426
43200CB00010B/1948